OBSERVATIONS

ET ÉCLAIRCISSEMENS,

PAR UN CRÉANCIER DE L'ÉTAT,

SUR

LES DIFFÉRENS SYSTÈMES DE FINANCES

SUIVIS EN FRANCE

DEPUIS L'AN VIII JUSQU'AU 8 JUILLET 1815.

OBSERVATIONS
ET ÉCLAIRCISSEMENS,

PAR UN CRÉANCIER DE L'ÉTAT,

SUR

LES DIFFÉRENS SYSTÈMES DE FINANCES

SUIVIS EN FRANCE

DEPUIS L'AN VIII JUSQU'AU 8 JUILLET 1815,

ET NOTAMMENT

SUR LE PARAGRAPHE CONCERNANT LES FINANCES,

Dans l'Exposé de la situation de l'Empire, présenté à la Chambre des Pairs et à celle des Représentans le 13 Juin 1815,

Sur le Rapport et le Compte présentés, en Juin 1815, et sur le Projet de loi de Finances proposé le 19 Juin 1815,

PAR LE MINISTRE DES FINANCES.

Quidquid delirant Reges, plectuntur Achivi
HORAT. lib. I, ep. 2.

Les erreurs et les fautes des Ministres des finances sont payées par les peuples.

———

A PARIS,

CHEZ PELICIER, Libraire, cour du Palais-Royal, n.° 10.

AOÛT 1815.

OBSERVATIONS ET ÉCLAIRCISSEMENS,

PAR UN CRÉANCIER DE L'ÉTAT,

SUR

LES DIFFÉRENS SYSTÈMES DE FINANCES

SUIVIS EN FRANCE

DEPUIS L'AN VIII JUSQU'AU 8 JUILLET 1815.*

OBSERVATIONS PRÉLIMINAIRES.

MOTIFS ET OBJET DE CET ÉCRIT.

DEPUIS quatorze ans et demi, l'Administration des Finances était confiée au même Ministre et dirigée d'après le même système, lorsqu'au mois d'avril 1814, un nouveau Gouvernement forma un nouveau Ministère et remit l'Administration des Finances entre les mains d'un nouveau Ministre.

Onze mois après, le Gouvernement et le Ministère furent entièrement changés, et l'Administration des Finances rentra dans les mains du Ministre qui l'avait dirigée pendant quatorze ans et demi.

Au moment où je termine cet écrit, le retour du Roi vient de rendre l'Administration des Finances au Ministre qui l'a dirigée du 4 avril 1814 au 20 mars 1815.

Le Ministre des Finances nommé en avril 1814 se hâta d'abandonner le système constamment suivi par son prédécesseur pendant sa longue administration. Il proposa un plan nouveau par ses principes, par ses moyens et par ses combinaisons;

---

* Une Table placée à la fin, *pages 83, 84, 85, 86, 87 et 88,* indique , dans leur ordre , tous les objets traités dans cet écrit. En parcourant cette Table , on prendra facilement une idée complète de l'ensemble, de la marche et du but de cet écrit.

A

il développa ses motifs dans un Rapport au Roi et dans plusieurs discours à la Chambre des Députés. Son plan, vivement et amèrement critiqué par une foule d'orateurs et d'écrivains, à la tête desquels se plaça l'ancien Ministre, et défendu par quelques-uns, fut, après une discussion longue et approfondie, adopté et sanctionné par la Loi du 23 septembre 1814.

L'exécution de cette Loi avait à peine cinq mois de durée, lorsque l'ancien Ministre, ramené par les événemens à la tête des Finances, s'empressa de revenir à son ancien système, en abandonnant entièrement l'exécution de la Loi du 23 septembre. Bientôt après il publia et distribua en toute hâte et avec profusion (1) un *Compte de l'Administration des Finances*, renfermant la critique la plus sévère de toutes les parties du plan suivi par son successeur et prédécesseur dans sa courte administration, et il proposa à la Chambre des Représentans un Projet de Loi entièrement subversif de ce plan et de la Loi du 23 septembre 1814.

Cette instabilité, ces vicissitudes, ont eu de graves inconvéniens ; mais l'observateur attentif et désintéressé, qui n'est touché que du bien de son pays, et le Créancier de l'État, que son intérêt particulier éclaire et tient éveillé sur l'intérêt général, dont le sien est inséparable, ont trouvé dans ces changemens répétés de Ministres et de plans, un précieux avantage dont ils étaient privés depuis quatorze années et qu'ils ont chèrement acheté, celui de pouvoir comparer les plans, les calculs, les promesses, les succès de deux Ministres différens ; ils peuvent maintenant juger leurs systèmes, non-seulement par les principes de l'économie politique à la portée d'un trop petit nombre, mais par l'exécution pendant un laps de temps suffisant pour les apprécier, et par les résultats qui frappent les yeux des moins clairvoyans et doivent convaincre les plus incrédules.

Dès que l'Exposé de la situation de l'Empire, le Rapport sur les Finances de juin 1815 et le Projet de Loi me furent connus, je commençai, pour ma satisfaction particulière, cette comparaison des deux systèmes de Finances, pour laquelle j'avais depuis long-temps recueilli des matériaux, ne sachant si, malgré les précautions oratoires dont j'enveloppais mes observations, il me serait permis de les publier.

La marche rapide des événemens m'a atteint au commencement du travail que j'avais entrepris. Après avoir hésité si je continuerais, je me suis décidé à différer mes observations sur la partie des systèmes de Finances suivis en France depuis l'an VIII, relativement aux Contributions directes et indirectes.

Ces Contributions, désorganisées en ce moment, doivent être reconstituées au plus vite sur leurs anciennes bases, pour subvenir aux besoins urgens du Trésor. Nous n'avons ni le loisir ni les moyens de reconstruire à neuf, d'embellir, d'améliorer,

---

(1) Douze cents exemplaires ont été distribués.

(3)

d'essayer. Il faut, et sans retard, rassembler les débris, relever les ruines de l'édifice
des anciennes Contributions. Avant d'entreprendre de les perfectionner, il faut les
réorganiser encore une fois telles qu'elles existaient (1).

L'autre partie du plan de Finances est relative à la Dette exigible et à la Dette perpétuelle; elle renferme les moyens de paiement de l'Arriéré et d'Amortissement de la
Dette publique, et se lie au Crédit public. Les circonstances malheureuses où se trouve
la France, les charges accablantes qu'elle supporte, et celles dont elle est menacée,
rendent d'autant plus urgent de rechercher le système le plus propre à y subvenir sans
écraser les contribuables.

J'ai pensé que l'examen de cette partie des systèmes de Finances suivis depuis
l'an VIII, ne serait pas en ce moment dépourvu d'intérêt.

C'est d'ailleurs dans cette partie, la plus importante de leurs plans, que les deux
Ministres des Finances diffèrent davantage, qu'ils se sont distribué mutuellement
et qu'ils ont provoqué plus de critiques.

Le Ministre des Finances de 1814 vient de rentrer au Ministère; mais sa nouvelle
administration est entravée dans sa marche, embarrassée dans son action, sans force,
incertaine, et méconnue au milieu du tumulte des armes; il doit ne pouvoir former
encore aucun calcul, ni concevoir aucun projet. Dans le vague où il est placé, dans
l'ignorance où nous sommes de ses plans, il ne sera pas sans intérêt ni sans utilité
de se livrer à l'examen de son administration et de celle qui l'a précédée, de comparer l'un à l'autre les deux systèmes opposés de deux Ministres différens, d'examiner
les principes sur lesquels ils reposent, et sur-tout les résultats qu'ils ont obtenus, les
reproches qu'ils se sont faits réciproquement, ceux dont leur administration a été
l'objet; enfin de rechercher lequel de leurs systèmes mérite la préférence et pour
l'adoption duquel nous devons former des vœux.

Je recueillerai et j'exposerai les faits pour en déduire les conséquences; je remon-
terai aux principes par les événemens, aux causes par les effets; je tâcherai de
présenter quelques *utiles leçons de Crédit public et d'économie politique-pratique* tirées
des deux systèmes opposés, exécutés et substitués l'un à l'autre sous nos yeux et à nos
dépens. Je ne me propose pas de développer une théorie imaginaire ou douteuse, mais
d'interroger une expérience récente et incontestable, et de demander aux résultats
dont nous avons été les témoins, des conseils salutaires pour l'avenir.

Quoique l'attention générale soit captivée par les événemens dont le sort de la
France dépend, une part d'attention doit, dans ce moment comme dans tous les
temps, se porter vers les discussions de Finances, puisque les Finances paraissent

______

(1) Il y a d'ailleurs beaucoup moins à changer dans le système des Contributions de l'ancienne Administration, que dans son système de Crédit, qui était radicalement vicieux : ce que j'espère démontrer.

A 2

appelées à prendre une des premières places parmi les moyens de salut qui restent à la France.

Je crois devoir laisser les premières pages de ces observations, telles que je les avais préparées sous le Gouvernement de Bonaparte et des Chambres : je commençais comme il suit.

Mu par les mêmes motifs, animé du même zèle que l'Auteur des *Observations et éclaircissemens sur les Finances*, publiés en 1814, j'ai cru pouvoir lui emprunter son sitre.

Les circonstances dans lesquelles je me trouve en juin 1815, sont tellement semblables à celles dans lesquelles il était placé en juillet 1814, nos intentions, à des époques différentes il est vrai, sont tellement pareilles, que ses propres expressions indiqueront le but que je me propose, et que je lui emprunterai jusqu'à la déclaration franche et loyale des sentimens qui m'ont porté à rédiger ces observations.

Je déclare donc avec l'auteur anonyme des *Observations et éclaircissemens* distribués en 1814 (1) :

« La meilleure manière, la seule honorable comme la seule utile de déprécier un » Gouvernement qui n'est plus, c'est de faire mieux que lui *(Page 28).*

» Mon desir a été d'écarter un système de déclamations qui ne peut qu'exciter des » ressentimens, sans profit pour la chose publique *(Page 29).*

» Tous mes vœux sont et seront, jusqu'au dernier moment de ma vie, pour les » succès de celui que la France a recouvré *(juillet 1814 et juillet 1815)*, et dont » l'affermissement peut seul la préserver de nouveaux malheurs. Telle est ma profes- » sion de foi ; elle est franche et sans réserve ; elle doit être le garant de la pureté » de mes intentions *(Page 30).*

» Il faudrait faire un volume pour relever tout ce que cet étrange rapport ren- » ferme d'inexactitudes, même dans l'énoncé des faits les plus généralement connus. » *(Page 37).* »

Je n'ai rien à ajouter à cette déclaration ; je la prends pour règle, et je m'efforcerai de m'y conformer en tous points avec autant d'exactitude et de bonheur que l'écrivain qui me fournit ce texte précieux.

Je comparerai, j'opposerai l'un à l'autre le Budget proposé en 1814, et celui qui a été proposé en juin 1815 ; je discuterai les calculs des deux Ministres des Finances de ces deux époques ; je me permettrai d'en dire mon opinion avec franchise,

---

(1) Cet écrit fut attribué à M. *Gaudin*, *Duc de Gaëte*, Ministre des Finances de l'an VIII au 1.er avril 1814 et pendant le second trimestre 1815.

sans acception de personnes, sans esprit de parti : par-tout où je reconnaîtrai la vérité, je la proclamerai; par-tout où je découvrirai une erreur ou un mensonge, je le signalerai; par-tout où je verrai le bien de mon pays, je le dirai hautement.

Je ne suis le champion ni l'antagoniste d'aucun homme ; je n'attaque ni ne défends personne ; j'examine et je discute les comptes et les calculs ; j'apprécie, j'approuve ou je blâme les opérations, les plans et les systèmes d'après mon opinion personnelle, et suivant les règles et les principes que j'ai étudiés et adoptés.

Il est temps que les vrais principes de l'Administration des Finances soient reconnus et posés sur les bases éternelles et inébranlables de la fidélité et de la justice; qu'ils soient garantis par la foi publique, nationale et constitutionnelle; que la fortune des citoyens soit enfin mise à l'abri de la versatilité des plans de Ministres éphémères, et placée même hors des atteintes des révolutions de Gouvernemens chancelans et passagers.

Il est temps que le Crédit public cesse de n'avoir pour garantie que les promesses et l'habileté d'un Administrateur amovible; qu'il cesse de n'être que le crédit du Ministre; il faut qu'il ne soit pas seulement le crédit d'un Gouvernement qui pourrait changer de système en changeant ou de chef ou de forme : il faut qu'il devienne le Crédit de l'État.

On n'y parviendra, je le répète, qu'en faisant *reposer l'Administration des Finances et le Crédit public sur les principes éternels de la fidélité et de la justice, en asséyant leurs bases sur un plan fixe, sur un système invariable, et en les rattachant à nos institutions nationales.*

Je me permettrai de rechercher et de dire lequel des deux Budgets proposés, l'un en 1814, l'autre en juin 1815, me paraît le mieux remplir ces hautes conditions; lequel devait mieux ménager les intérêts des contribuables, fournir des ressources abondantes au Trésor, des moyens étendus et faciles à toutes les parties du service, en traitant les Créanciers avec justice.

Pour me renfermer uniquement dans mon objet, l'examen et la comparaison des deux plans de Finances, j'écarterai jusqu'au nom des Ministres, jusqu'aux mots, *Gouvernement du Roi, Gouvernement de l'Empereur;* je ne parlerai que

Du Budget et du plan de Finances de 1814, comparé

Au Budget et au plan de Finances de juin 1815;

Du Ministre des Finances de 1814,

Du Ministre des Finances de 1815 (1).

---

(1) Pour être plus exact, j'ai mis, depuis la restauration, *le Ministre des Finances du second trimestre 1815.*

Du Montant de l'Arriéré de 1813 et années antérieures (1).

Je rappelle en marge de mes Observations les termes de l'Exposé de la situation de l'Empire et du Rapport sur les Finances (2).

OBSERVATIONS.

On ne donne, en 1815, aucune *preuve* de l'exagération prétendue de l'Arriére en 1814.

Le Ministre de l'Intérieur du 2.ᵉ trimestre de 1815 prend ici, pour le Ministre des Finances, l'engagement de *prouver* combien l'Arriéré avait été exagéré par le Ministre des Finances de 1814. Hâtons-nous de recourir *aux preuves*.

J'ouvre avec empressement le Compte de l'administration des Finances publié peu de jours après l'Exposé ; j'y cherche les calculs annoncés et les *preuves* promises.

J'y lis, *pages 4 et 5* . . . .
Première assertion, mais pas encore de preuve.

Des *renseignemens* ne sont pas des *preuves*.
Parle-t-on ici sérieusement ! Jamais le Ministre de l'Intérieur de 1814 n'a fait une erreur aussi grossière. Il a dit, en propres termes *(page 29 de l'Exposé de 1814)*, « que le total des *Anticipations* était de . . 805,469,000
» l'*Arriéré des divers Ministères* de . . . . . 500,000,000.
» et qu'en y joignant la *création de 17 mil-*
» *lions de Rentes perpétuelles* représentant
» un capital de . . . . 340,000,000.

» On aura pour montant d'accroissement
» des dettes de l'État pendant le cours de
» treize années, la somme de . . . . 1,645,969,000.

EXTRAIT *de l'Exposé et du Rapport sur les Finances, de Juin 1815.*

La situation de l'Empire, sous le rapport des Finances, sera, suivant l'usage, présentée dans tous ses détails par les Ministres de ce Département. Les Comptes généraux des deux Ministères des Finances et du Trésor PROUVERONT combien les Rapports faits l'année dernière aux deux Chambres avaient exagéré l'importance des dépenses arriérées antérieures au 1.ᵉʳ avril 1814. *(Pag. 36 de l'Exposé).*

Cet Arriéré avait été *prodigieusement exagéré* dans les Rapports faits l'année dernière aux deux Chambres *(Pag. 4 et 5 du Rapport sur les Finances).*

La *vérité* est que, d'après les *renseignemens* que j'ai recueillis des divers Ministères, la dette arriérée, qui avait été portée l'année dernière, dans un premier Rapport du Ministre de l'Intérieur à la Chambre des Députés, à près de 1,700 millions. *(Pag. 5 du Rapport).*

---

(1) *Voir* l'Opinion d'un Créancier de l'État, *pages 42 et suiv.*, deuxième édition : *De l'évaluation de l'Arriéré et des moyens d'y pourvoir.*

(2) J'invite ceux qui me liront à suivre mes raisonnémens et mes calculs, les deux Comptes de juillet 1814 et de juin 1815 à la main ; j'indique les pages où se trouvent mes citations.

Je ne trahis aucun secret, je ne révèle aucun mystère ; je cite et je compare. Tous les chiffres, tous les fait

Cette somme , que l'on enfle de 54 millions en la portant à 1,700 millions, n'était donc pas le montant de *la Dette arriérée à payer* ; mais, comme le disait le Ministre de l'Intérieur de 1814, le total des émissions de Rentes, des Anticipations et de l'Arriéré, soit *remboursable*, soit *non remboursable* ; ce qui est fort différent. Cette distinction si évidente n'avait au surplus échappé à personne, pas même à l'anonyme, auteur des *Observations et éclaircissemens*. Il fut plus véridique derrière le voile transparent de l'anonyme, que du haut de la tribune ministérielle.

Réduite n'est pas le mot propre ; ce terme est plus qu'inexact.

Le Ministre des Finances de 1814 ne rabattit rien sur *l'accroissement de la dette* ; mais il fit connaître qu'il n'y avait de prochainement exigible que 759 millions.

Encore une assertion, puis des probabilités : quand donnera-t-on *les preuves* promises !

Cette variation de 70 millions est remarquable.

Une centaine de millions : cette bagatelle, qu'il est, dit-on, *indispensable* de rembourser, vaut bien la peine d'être comprise dans l'évaluation de l'Arriéré, qui alors sera de 320 millions.

Toujours sans *preuves* ; peut-être sont-elles plus loin : continuons. . . . .

Cela peut être vrai en partie, mais l'origine de la dette n'en prouve pas le montant.

Et moi je dis , car il y a des gens qui *ne craignent pas de dire* une sottise, que cette prétendue situation favorable n'est enviée ni par l'Angleterre, ni par ses créanciers que n'inquiète pas son énorme dette, ni par les États-Unis , ni par beaucoup d'autres États, dont les Finances sont mieux administrées que ne l'ont été depuis vingt-cinq ans celles de la France.

(Cette dette arriérée)..... fut *réduite* peu de jours après, par un nouveau Rapport du Ministre des Finances, à environ 759 millions.... (*Pag. 5 du Rapport sur les Finances*).

Ne s'élevera pas, par les *résultats probables* de la liquidation, à plus de 200 à 220 millions (*l'Exposé., pag. 28, et les États G., p. 102 du Compte*, ne portent que 140 à 150 millions),

Sans y comprendre une *centaine de millions* que le Trésor a été dans le cas d'avancer sur son crédit, au-delà des recettes effectives des Budgets, et dont *il est indispensable* qu'il soit couvert, afin de rétablir l'équilibre entre ses moyens et ses charges....

L'ensemble de cet Arriéré provient de toutes les pertes éprouvées dans les deux dernières années ;

Et l'on ne craint pas de dire qu'il n'est pas une des Puissances que nous avons eues à combattre, qui ne se trouvât heureuse d'une semblable situation.... (*Page 5 du Rapport*).

---

que je rapporte, sont extraits des Comptes, Rapports ou Discours imprimés. Les rapprochemens, les raisonnemens que je fais, les conclusions que j'en tire, expriment mes conjectures et mon opinion personnelle.

Les Administrateurs, et sur-tout les créanciers de ces États, n'envient pas nos banqueroutes périodiques ; ils se trouveraient fort malheureux, ils se croiraient déshonorés d'avoir acheté à ce prix la modicité de leur dette nationale ; ils seraient honteux avec une dette numériquement et proportionnellement aussi faible que celle de la France, d'avoir aussi peu de crédit.

Et plus loin *(pag. 7 et 8)* : L'accroissement (de la dette perpétuelle) ne pourrait au surplus causer aucune alarme fondée, en comparant l'état dans lequel la France se trouve sous ce rapport après vingt ans de guerre, à celui des Puissances qui l'environnent.

Cette situation, loin d'être favorable, est triste et pénible. Les services les plus urgens de la guerre sont entravés faute de fonds, faute de crédit ; une dette insignifiante nous écrase, tandis que des dettes immenses semblent accroître la force des autres États. Nous nous arrêtons à considérer avec un étonnement stupide le montant nominal des dettes publiques des divers États ; notre stupéfaction cesserait si nous savions évaluer le poids de ces dettes comparé avec les richesses des États, et sur-tout si nous savions calculer et manier la puissance du Crédit.

La France aurait-elle moins de ressources que les autres États, ou ses Administrateurs moins d'habilité ?

L'absence du Crédit malgré la modicité de la dette décide cette question.

Ce n'est pas des ressources de la France pour la garantie d'une Dette de 63 millions de Rentes, que ses Créanciers peuvent douter ; ce n'est pas de la France mais de ses Administrateurs qu'ils se défient : des banqueroutes continuelles ont détruit toute confiance en des promesses aussi souvent violées que renouvelées. Lorsque le rentier, le moins malheureux des créanciers de l'État, voit le capital qu'il possédait en 1789, actuellement réduit au sixième (1) ; lorsque tous les autres créanciers ont perdu davantage, et un grand nombre la totalité de leurs créances, nous vantons vainement les ressources de la France pour payer des dettes que son Administration n'a jamais voulu payer. *Qu'importe à nos créanciers que nous soyons riches, si nous sommes de mauvaise foi et plus forts qu'eux...........* Mais je m'égare à la suite du Rapport, et j'oublie que je demande, que je cherche les

Certes, la France sera long-temps encore la Puissance dont les fonds publics présenteront aux étrangers mêmes, un emploi de leurs capitaux plus sûr et mieux garanti. *(Page 8 du Rapport)*.

____

(1) La dette perpétuelle a été réduite au tiers, et, le cours étant à 55 francs, le rentier peut à peine réaliser le sixième de sa créance originaire. (Juin 1815.)

preuves du montant de l'Arriéré et de l'exagération de l'évaluation faite en 1814.

Sans doute *cette charge n'a rien de capable d'ébranler le Crédit* s'il était habilement soutenu, et il me semble que le Ministre des Finances de 1814 l'avait assez bien prouvé, puisque, reconnaissant pour l'Arriéré une charge double de celle maintenant avouée dans le Budget de 1815, il avait porté et maintenu ses Obligations au pair, et élevé en cinq mois les Cinq pour cent consolidés de 45 fr. à 78 fr. Comment se fait-il que, réduisant la dette de plus de moitié, le Crédit baisse rapidement et disparaisse entièrement !

> Ce n'est pas que la *charge qui nous est imposée* ne soit grande encore ; mais il est en même temps permis de dire qu'*elle n'a rien de capable d'ébranler le Crédit de la France*, sous un Gouvernement dont les formes constitutionnelles lui présentent tous les genres de garantie............
> *(Page 5 du Rapport.)*

Malgré tant d'assurances tranquillisantes, ou précisément à cause des évaluations atténuées, les Rentes, les Obligations sont rapidement descendues à 55 fr. Serait-on assez injuste pour ne pas se fier aux preuves répétées de sincérité et de fidélité que cette Administration a données par le passé ! Au moins cette fois, *les preuves* seront sans réplique ; nous les cherchons encore : poursuivons . . . .

Quoi ! voilà tout ce qu'on nous dit *sur l'Arriéré !* Où sont ces *preuves* si solennellement promises !

Je n'ai encore vu que des déclarations ; *la plaie* ne me paraît ni profondément sondée ni parfaitement connue ;

> La plaie connue, il ne s'agit plus que d'y appliquer le remède.
>
> Convient-il, à cet égard, de maintenir le système consacré par la dernière Loi du Budget....
> *(Page 5 du Rapport.)*

On n'a donc daigné nous donner aucune *preuve !*

Cependant je découvre à la suite du Compte *(pages 102 à 105, sous la lettre G)*, parmi de prétendues pièces justificatives, sept États intitulés modestement : *Premier aperçu des sommes dues*. Un *aperçu* n'est ni une pièce justificative ni une *preuve*.

Ces États d'ailleurs, qu'il eût été si facile et qu'il était indispensable de présenter certifiés et garantis par les Ministres respectifs, ne sont revêtus d'aucune signature ; ils se rangent dans la classe des *assertions sans preuves*.

B

Le montant réel de l'Arriéré n'est pas justifié en 1815.

Il est donc reconnu que le Ministre des Finances du deuxième trimestre 1815 a négligé de remplir l'engagement solennellement pris par le Ministre de l'Intérieur, devant les Chambres, de *prouver* l'exagération de l'Arriéré. A la place des *preuves* annoncées, il n'a donné que des *assertions*, des *aperçus* dénués de tout commencement de *preuve*.

Après quinze mois, le Ministère du deuxième trimestre 1815, composé en grande partie des mêmes élémens que celui de 1813, ne présente aux Chambres qu'un aperçu sans justification, sans garantie, *sans preuves* de sa propre administration.

Il s'est ainsi chargé d'excuser le Ministère de 1814 de n'avoir donné, après trois mois de gestion, qu'un aperçu de la dette de l'administration antérieure.

L'Arriéré n'est-il pas atténué par le Ministère de 1815 !

Le Ministère du deuxième trimestre 1815 s'est éloigné de l'exagération avec autant de soin que le Ministère de 1814 en avait mis à éviter l'atténuation de la dette. L'un a dû rester en-deçà, l'autre passer au-delà de la vérité; mais le point important, le montant réel de l'Arriéré, est maintenant encore, après qu'une nouvelle année s'est écoulée, laissé dans le vague.

Nous restons par cette omission placés dans une fâcheuse perplexité : nous devons regarder comme constant que le Ministre des Finances de 1814 a exagéré l'Arriéré, puisque le Ministre des Finances du deuxième trimestre 1815 l'assure sur sa parole; mais ce Ministre n'atténuerait-il pas l'Arriéré !

En ne demandant pour le paiement des Créanciers de l'État qu'un crédit insuffisant, ne s'apprêterait-il pas à leur faire subir une nouvelle banqueroute !

Déjà (juin 1815) l'effroi est parmi eux, leur espoir s'évanouit, ils se lamentent, ils osent regretter les Obligations du Trésor royal; ils rejettent les Rentes qu'on leur offre en paiement de l'Arriéré, ils crient à la banqueroute; le Crédit s'altère, le cours des Effets publics décroît rapidement, et les fournisseurs refusent de rien donner sur des promesses incertaines; ils abusent des besoins extrêmes des services de la guerre, pour exiger leur paiement comptant en numéraire à des prix excessifs qui les dédommagent de la perte des trois quarts de leurs créances arriérées dont ils sont menacés par le nouveau Budget et par les habitudes constantes des liquidateurs de cette Administration. Hâtons-nous de les rassurer : comparons les évaluations exagérées du Ministre des Finances de 1814, avec les évaluations atténuées du Ministre du deuxième trimestre 1815; sans prévention, sans ménagement ni pour l'un ni pour l'autre, sondons et discutons leurs preuves ou leurs assertions; peut-être leurs évaluations sont-elles beaucoup plus rapprochées qu'elles ne le paraissent, peut-être verrons-nous de nos comparaisons sortir la vérité dépouillée de tout voile d'exagération ou d'atténuation.

Je rappelle et je compare les évaluations de l'Arriéré faites, par les deux Ministres des Finances de 1814 et de 1815.

INDICATION DES SERVICES.	ÉVALUATION DE L'ARRIÉRÉ DE 1813		DIFFÉRENCE DANS LA NOUVELLE ÉVALUATION,	
	par le Ministre des Finances de 1814. États n.os 14 et 15.	par le Ministre des Finances du 2.e trim.tre 1815. État G, pages 102 à 105.	en moins.	en plus.
Chancellerie de France..........	5,024,000f	....	5,024,000f	
Affaires étrangères.............	2,431,000.	500,000f	1,931,000.	
Intérieur. — Cultes.............	49,000,000.	20,000,000.	29,000,000.	
Marine.......................	55,879,000.	10,300,000.	45,579,000.	
Guerre.......................	300,000,000.	89,450,000.	210,550,000.	
Finances (Dépenses administratives)..	....	6,000,000.	....	6,000,000.
Police générale...............	....	230,000.	....	230,000.
Fonds de réserve..............	....	23,520,000.	....	23,520,000.
	412,334,000.	150,000,000.		
Finances (Caisses et Trésor)........	115,225,000.	101,775,000.	13,450,000.	
TOTAUX...........	527,559,000.	251,775,000.	305,534,000.	29,750,000.

Les États présentés par le Ministre des Finances en juin 1815, offrent donc une réduction apparente dans l'Arriéré antérieur à 1814, de la somme de .... 275,784,000. et semblent accuser les évaluations du Ministre des Finances de 1814 d'une exagération de pareille somme, sans y comprendre le premier trimestre de 1814. On a aussi beaucoup parlé de l'exagération du Budget de 1814 ; je l'examinerai séparément. Occupons-nous d'abord de l'Arriéré de 1813 et antérieurs.

C'est assurément une belle découverte qu'une réduction de dette de 275,784,000 francs ; mais est-elle réelle ! N'y a-t-il dans les États du Ministre des Finances de juin 1815, ni erreur, ni omission, ni réticence, ni.........!

Je remarque d'abord que, dans les calculs de l'Arriéré, il n'est nullement question des paiemens qui ont dû être faits à compte et en déduction pendant les neuf derniers mois de 1814 et pendant le premier trimestre 1815. Le Rapport du Ministre des Finances de juin 1815 n'explique pas si l'Arriéré qu'il annonce être tantôt de 150, tantôt de 220 millions, comprend les paiemens effectués pendant 1814. Si les paiemens effectués ne sont pas compris dans cette évaluation, ils doivent être ajoutés pour retrouver le montant primitif de l'Arriéré. Le Compte du Trésor nous aurait sans doute fait connaître ces paiemens ; mais il n'est pas publié, et nous ne pouvons recourir qu'à des renseignemens incomplets et à des conjectures.

Paiemens
sur la Dette
du Ministère
des Finances.

Il est de notoriété publique que tous les porteurs d'Effets du Trésor ont été remboursés aux échéances; que tous les propriétaires de fonds déposés ont été satisfaits en 1814, puisque le Crédit du Trésor s'était élevé au point de négocier ses Effets ayant six mois et un an d'échéance, à 5 et même à 4 pour o/o; que, de toute part, les anciens et les nouveaux créanciers du Trésor se pressaient, assiégeaient les caisses, non pour réclamer leur remboursement comme aux jours d'infidélité et de discrédit, mais pour apporter et déposer leurs fonds en échange d'Effets publics, à l'intérêt le plus modique. Le Trésor n'avait plus que des créanciers volontaires.

La Dette du Ministère des Finances, montant à 115 millions exigibles au 1.er avril 1814, peut donc être considérée comme ayant été effectivement remboursée. D'ailleurs tous les Effets émis avant le 1.er avril ont dû échoir en 1814, et les créanciers primitifs, porteurs de ces Effets, ont dû presque tous être matériellement remboursés au moins pour les sommes ci-après; SAVOIR:

Les Traites du Caissier général..............	8,873,000f
Les Mandats sur les Receveurs généraux........	15,000,000.
Les Traites et Effets à payer................	8,813,000.
Les Bons de la Caisse d'Amortissement..........	23,225,000.
Le Compte rendu par le Gouverneur provisoire de la Banque de France, le 28 janvier 1815, nous a appris qu'il avait été payé à la Banque, pour intérêts et remboursement par le Trésor, en 1814, sur son prêt de 54 millions, une somme de.............	16,139,000.

72,050,000f

et qu'il ne lui a été demandé aucun escompte, aucun prêt par le Trésor.

Paiemens
sur les Dettes
arriérées des divers
Ministères.

L'État *D, page 99* du Compte des Finances de juin 1815, nous apprend que le Trésor a payé, du 1.er avril 1814 au 1.er mai 1815, sur l'Arriéré de 1813 et antérieurs, la somme de.......... 61,908,000.

SAVOIR: *(Extrait de l'État D)*.

INDICATION DES SERVICES.	PAIEMENS FAITS		TOTAUX.
	en numéraire.	en Obligations.	
Dette publique..............	1,743,000.	....	1,743,000.
Grand-juge.................	913,000.	88,000.	1,001,000.
Relations extérieures	1,066,000.	1,618,000.	2,684,000.
Intérieur et cultes...........	11,303,000.	2,722,000.	14,025,000.
Finances (dépenses administratives).	1,938,000.	3,713,000.	5,651,000.
Guerre..................	4,072,000.	21,177,000.	25,249,000.
Marine..................	3,807,000.	7,569,000.	11,376,000.
Police générale.............	179,000.	....	179,000.
SOMME pareille........	25,021,000.	36,887,000.	61,908,000.

Reporté...... 133,958,000.

Report. . . . . 133,958,000^f

Les paiemens sur l'Arriéré du Ministère de la Guerre ne sont portés dans l'État *D* que pour la somme de . . . . . 25,249,000.

Cependant je remarque que l'Exposé de la situation de l'Empire *(version du Journal de l'Empire)* présente le calcul ci-après :

« La totalité de la Dette arriérée du Ministère de
» la Guerre ne montait qu'à la
» somme de. . . . . 277,926,000.

« D'après les paiemens faits sur
» l'Arriéré, depuis le mois d'avril
» 1814, la Dette arriérée du Mi-
« nistère de la Guerre, au 1.er juin
» 1815, se réduit à la somme de. . 218,225,000.

J'en tire la conséquence incontestable que les paiemens effectués
pendant ce laps de temps se sont
élevés à. . . . . 59,701,000. ci 59,701,000.

Et que par conséquent il manque dans le Tableau
D, pag. 99, rappelé ci-dessus, une somme de . . . . 34,452,000.

Cette somme a été effectivement payée sur l'Arriéré antérieur au
1.er avril 1814. Je la porte comme faisant partie de ces paiemens (1) . 34,452,000.

Il a donc été matériellement remboursé sur l'Arriéré de tous les
Ministères, plus de (2). 168,410,000.

Ces paiemens sur la Dette laissée par l'Administration précédente ont eu lieu dans un court espace de onze mois, au milieu des embarras et des difficultés d'un nouveau Gouvernement incertain dans sa marche et chancelant sur ses bases ; plus des trois quarts de cette somme ont été payés effectivement en numéraire ; le Crédit public a été porté dans ce court espace de temps à un point depuis long-temps inconnu, et

---

(1) Cette somme forme probablement le montant des paiemens faits sur l'Arriéré du 1.er trimestre 1814, et n'a pas été comprise dans l'État *G*, qui n'offre que les paiemens sur 1813. Ces 34,452,000 francs doivent se trouver confondus dans les paiemens faits sur 1814 *(État F, page 101)*. Je dois les distinguer et les ajouter ici, parce que je cherche à établir, d'après les Comptes imprimés, la totalité des paiemens faits sur l'Arriéré antérieur au 1.er avril 1814.

(2) Il avait en outre été payé, pour les dépenses de 1814, 570 millions *(État F, page 101)*; non compris les paiemens faits sur 1815, dont il n'est pas question dans le Compte de juin 1815. En supposant qu'ils n'eussent été que de 50 à 60 millions, le Trésor aurait payé dans l'année écoulée, du 1.er avril 1814 au 1.er avril 1815, environ 800 millions, suivant le Compte de 1815.

il est monté au plus haut degré qu'il eût passagèrement atteint pendant les instans les plus heureux des quatorze années du règne de l'Empereur. Cet état croissant de prospérité, arrêté tout-à-coup par un événement imprévu, laisse les caisses du Trésor regorgeant d'argent; le crédit, plus robuste qu'auparavant, ne succombe que sous les coups redoublés d'infidélités et de banqueroutes multipliées.

Puisse l'Administration actuelle (juin 1815) obtenir aussi rapidement d'aussi beaux résultats pour le salut et le bonheur de la France!

La Dette arriérée des Ministères arbitrairement réduite en 1815.

Nous avons déjà reconnu que l'Arriéré annoncé par le Ministère du deuxième trimestre 1815, tantôt pour 150 millions, tantôt

pour...................................... 220,000,000.
devait être augmenté de l'Arriéré du Trésor..... 115,200,000. $\Big\}$ 397,100,000^f
et des paiemens effectués du 1.er avril 1814 au
1.er mai 1815........................... 61,900,000.

Déjà nous nous rapprochons de l'évaluation du Ministre des Finances de 1814, et il nous reste encore à examiner si le Ministre des Finances du second trimestre 1815 n'aurait pas arbitrairement réduit les évaluations et les demandes des autres Ministres.

Le meilleur moyen de démontrer l'exactitude des nouvelles évaluations eût été de produire les états de la dette de chaque Ministère, dressés dans chaque Ministère, et certifiés par chaque Ministre. Après quinze mois, le travail des liquidations devait être en grande partie terminé, ou assez avancé pour que l'ensemble en fût connu et les résultats prévus, et pour que chaque Ministre eût pu remettre à celui des Finances un état complet et certifié de la dette de son Ministère. Aucun des Ministres n'a dû négliger d'expliquer par quelle heureuse découverte les premiers aperçus établis et certifiés par les mêmes bureaux en 1814, sont diminués de plus de moitié en juin 1815.

Le Ministre des Finances annonce, *pag.* 5 de son Rapport, qu'il a recueilli des renseignemens dans les divers Ministères sur leur Dette arriérée. Si les États qui lui ont été transmis par les Ministres sont d'accord avec les États *G* imprimés dans le Compte des Finances, on aurait dû les produire; s'ils sont différens ou si le Ministre des Finances de 1815 a cru devoir les modifier et en réduire arbitrairement les résultats, il aurait dû faire connaître ces réductions et leurs motifs

L'Exposé de la situation de l'Empire et le Rapport sur les Finances n'étaient pas d'accord sur le montant de l'Arriéré.

L'Exposé imprimé dans le Moniteur, et le Compte des Finances, nous laissent sur tous ces points dans une ignorance complète. Mais j'assistais à la séance de la Chambre des Pairs du 13 juin; je me rappelle très-distinctement que le Ministre de l'Intérieur prononça d'une voix intelligible des renseignemens étendus et des calculs détaillés sur la consistance de la Dette arriérée du Ministère de la Guerre. Il rappelait le montant annoncé en 1814, et il reconnaissait pour le Ministère de la Guerre seul une Dette arriérée de la somme de 277,927,688 francs, et même de 373,927,688 francs en y comprenant 1814; il n'accusait les calculs, ou plutôt les premières évaluations de

1814, que d'une exagération définitive de 113,072,313 francs, sur la masse de ces évaluations, montant à plus de 14 cents millions.

J'ai vainement cherché dans le Moniteur et dans l'Exposé imprimé séparément et distribué officiellement par ordre du Ministre de l'Intérieur, ces renseignemens et ces calculs que je retrouvais dans ma mémoire. Le Moniteur et l'Exposé ne parlent plus que d'une Dette totale appréciée *in globo* 140 à 150 millions, somme inférieure à la dette que j'avais entendu reconnaître pour le Ministère de la Guerre seul : avais-je donc rêvé! Un Créancier de l'État ne s'endort pas, même à une séance de la Chambre des Pairs (juin 1815), quand il est question du montant et du paiement de la dette arriérée.

Comment expliquer le démenti formel que ma mémoire imperturbable sur cet article donnait au Moniteur et à l'Exposé imprimé officiellement! Je ne pouvais recourir aux archives des deux Chambres. Je consulte les journaux : j'y retrouve des traces plus ou moins fortes des calculs et des renseignemens que je crois avoir entendus et retenus; enfin, le Journal de l'Empire me tombe entre les mains : par un louable empressement, il a donné à ses lecteurs, le 14 juin, un extrait très-étendu et presque littéral de l'Exposé lu aux Chambres le 13, tandis que le Moniteur, contre son habitude, n'a donné ce texte que deux jours après la séance. Quels sont mon étonnement et ma satisfaction de retrouver dans le Journal de l'Empire les phrases, les calculs que je cherche vainement dans le Moniteur et dans l'Exposé officiel! Dieu soit loué, j'ai bien entendu; ma mémoire est fidèle.

Quels étranges soupçons s'élèvent dans mon esprit! Aurait-on changé, en l'impri- L'Exposé imprimé
mant, un Exposé de la situation de l'Empire présenté aux deux Chambres, prononcé officiellement
par deux Ministres au nom du Gouvernement! Aurait-on osé falsifier de tous les a été falsifié.
Rapports le plus officiel, le plus solennel, pour l'offrir aux yeux de la Nation et des lecteurs, autre qu'il n'a été prononcé dans les Chambres! Qui a eu cet excès d'audace! Par quel motif et dans quelle vue! Je me perds en conjectures. Plaçons les deux textes sous les yeux de nos lecteurs, et laissons-leur le soin de deviner cette énigme. Je mets en caractère italique, dans la première version, les mots supprimés, et dans la seconde, les mots substitués.

Extrait de l'Exposé de la Situation de l'Empire, présenté et lu le 13 Juin 1815, à la Chambre des Pairs par M. le Comte Carnot, Ministre de l'Intérieur, et à la Chambre des Représentans par M. le Comte Regnaud (de Saint-Jean-d'Angely).

Article intitulé, DÉPENSES DE LA GUERRE.

Texte suivant le Journal de l'Empire, du 14 juin 1815, c'est-à-dire, première version lue dans les deux Chambres.

— — —

C'est dans cette vue que le Ministre des Finances *(Baron Louis)*, dans le Compte qu'il rendit en juillet 1814, de la Dette arriérée de la Guerre, en porta la somme à 487 millions, *dont 300 millions antérieurs au 1.er janvier 1814, et 187 millions pour le premier trimestre de ladite année.*

Mais d'après *les renseignemens les plus exacts, la totalité de la Dette arriérée jusqu'au 1.er avril 1814 ne montait qu'à la somme de 277,927,688 fr. Il y avait donc exagération de 209,072,313 fr.*

A la vérité, le *Ministre des Finances réservait sur les 187 millions présentés comme dus pendant le premier trimestre 1814, une somme de 90 millions pour payer les dépenses courantes des neuf derniers mois.*

Ainsi, en réglant un Budget pour des dépenses à venir, on voulait payer ses dépenses courantes avec des valeurs spécialement affectées à l'Arriéré; et tout en annonçant le besoin de combler l'ancien Arriéré, on en créait en même temps un nouveau pendant la paix.

Texte suivant le supplément du Moniteur, du 15 juin, et suivant l'Exposé officiel, distribué par le Ministre de l'Intérieur, pag. 28, c'est-à-dire, seconde version imprimée officiellement, et substituée à celle qui fut lue dans les deux Chambres.

— — —

C'est dans cette vue que le Ministre des Finances, dans le Compte qu'il rendit en juillet 1814, de la Dette arriérée de la Guerre, en porta la somme à 487 millions.

Mais d'après *une appréciation raisonnée des renseignemens donnés par les bureaux du Ministère de la Guerre, on peut penser que, par le résultat d'une liquidation exacte de dépenses qui remontent à plusieurs années et dont l'évaluation repose sur des élémens primitifs que les événemens de la guerre ont considérablement changés, la Dette effective n'ira pas en réalité au-delà de 140 à 150 millions.*

Nota. Dès que les valeurs destinées au paiement de l'Arriéré étaient au pair, elles pouvaient être données en paiement, indistinctement comme le numéraire; ce n'était pas créer, mais solder et combler un Arriéré.

D'après les paiemens faits sur l'Arriéré, depuis le mois d'avril 1814, la Dette arriérée du Ministère de la Guerre, au 1.er juin 1815, se réduit à la somme de 218,225,962 fr.

En défa'quant les 96 millions portés à tort dans l'Arriéré antérieur au 1.er avril 1814, il n'en est pas-moins avéré qu'il y a eu dans l'évaluation de la Dette arriérée de la Guerre, exagération de 113,072,313 fr.

Il ne serait pas impossible que le Rédacteur du Journal de l'Empire eût omis ou changé quelques phrases; mais aurait-il pu inventer des phrases qui n'auraient pas été prononcées, substituer d'autres chiffres, d'autres résultats à ceux qu'il avait entendus!

Il ne serait pas impossible que le compositeur du Moniteur eût sauté par-dessus quelques lignes; mais quelle main officieuse a réparé les lacunes, a substitué des mots, des chiffres, des phrases et des résultats entièrement dissemblables à ceux qui ont été lus aux Chambres! Quelle main adroite, par l'insertion d'une phrase insignifiante et amphigourique, a rétabli l'harmonie entre l'Exposé et le Compte des Finances distribué aux deux Chambres quatre ou cinq jours après!

N'est-ce pas évidemment la même main qui a cru devoir supprimer les phrases et les chiffres que le Ministre de l'Intérieur avait puisés dans les notes qui lui avaient été fournies par le Ministre de la Guerre, et qui donnaient un démenti formel aux calculs arrangés avec variation dans le Compte du Ministre des Finances!

En effet, le Ministre des Finances du deuxième trimestre 1815 voulait absolument, dans son État G, n.° 4, page 105, que l'Arriéré du Ministère de la Guerre ne fût que de 89,450,000 francs, et le Ministre de l'Intérieur démontrait, d'après les calculs du Ministère de la Guerre, que cet Arriéré était de 277,927,688 francs, et même, en y comprenant 1814, de 373,927,688 francs.

Le Ministre des Finances de juin 1815 ne voulait avouer qu'un Arriéré total de 140 à 150 millions pour tous les Ministères, et le Ministre de l'Intérieur reconnaissait pour la Guerre seule un Arriéré de 277, et même de 373 millions.

Le Ministre des Finances de juin 1815 voulait accuser le Ministre des Finances de 1814, d'avoir doublé ou triplé l'Arriéré, et le Ministre de l'Intérieur ne l'accusait que d'une exagération du dixième du Budget total.

Ces contradictions avaient eu lieu, parce que le Ministre de l'Intérieur avait, par un oubli impardonnable, négligé de soumettre les calculs rigoureux et exacts des bureaux du Ministère de la Guerre aux arrangemens et variations arbitraires du

Ministère des Finances; il avait franchement, solennellement, étourdiment proclamé aux tribunes des deux Chambres, des résultats vrais, certifiés et garantis par le Ministre compétent, mais qui dérangeaient les états mensongers du Ministère des Finances du second trimestre 1805. Que fera celui-ci! Reconnaîtra-t-il ces résultats, changera-t-il son Compte déjà imprimé, pour revenir à la vérité, que l'on a eu la maladresse d'avouer sans sa permission! Le cas est embarrassant; il réfléchit qu'un petit nombre d'auditeurs seulement était présent dans les Chambres; qu'il s'agit de calculs que la plupart n'auront pas écoutés, que tous auront oubliés : son parti est bientôt pris. Courons vîte chez le Ministre rédacteur; de son aveu ou à son insu, envoyons au Moniteur, à l'Imprimerie impériale; hâtons-nous d'empêcher leurs presses de devenir, par un hasard extraordinaire, les fidèles échos de la vérité; falsifions les épreuves, puisque le manuscrit a échappé à notre influence : ceux qui ont entendu prononcer l'Exposé ne le reliront pas; les plus intrépides lecteurs n'en soutiendront qu'une lecture; les journaux n'en donneront que des extraits inexacts : notre falsification échappera donc à tous les yeux.

Mais un Journal a devancé cette censure ministérielle; il a donné le texte littéral et véridique de ces paragraphes; un des auditeurs, non content d'avoir écouté et retenu, a lu, relu et comparé toutes les versions, et a découvert le bout d'oreille; il a reconnu cette petite malice cousue de fil blanc !

Que de tristes et amères réflexions cette falsification bien avérée doit inspirer sur la fidélité des Rapports des Ministres du deuxième trimestre 1815, sur leur respect pour la vérité, pour les deux Chambres, pour la Nation! Je m'en abstiens, et je cède la plume à un des leurs, à l'auteur anonyme des *Observations et des Notes* publiées en 1814.

« Je laisse à juger de quel côté se trouve ici l'inexactitude ou la bonne-foi. (*Observations, page 37.*)

» Il commence, suivant son usage, par altérer le texte,..... afin de se placer » sur un terrain qui lui convienne. Cette tactique peut être fort habile, mais elle ne » dénote pas beaucoup de bonne-foi. (*Notes, page 10.*)

» Il est bien pénible de marcher continuellement sur les pas d'un homme qui » s'égare dans les fausses routes qu'il s'est lui-même frayées, et qui l'éloignent toujours » de plus en plus du droit chemin. (*Notes, page 15.*)

» Je finis par perdre patience; il faut pourtant me contenir encore un moment : il » me reste à relever un dernier tour d'adresse aussi fin que tous les autres. (*Notes,* » *pages 17 et 18.*) »

Malheureusement il me reste bien plus d'un *tour d'adresse* à relever, et j'ai besoin de beaucoup de patience encore. J'ai dû m'étendre en preuves sur celui-ci, parce qu'il est fondamental, qu'il était fort astucieusement enveloppé, et qu'il suffit pour faire apprécier la véracité de l'Exposé de la situation de l'Empire et des Comptes de l'administration des Finances de juin 1815.

Pour revenir à l'appréciation de l'Arriéré, je crois qu'il m'est permis de prendre pour base, relativement au Ministère de la Guerre, les calculs donnés par le Ministre de l'Intérieur, heureusement recueillis et sauvés par le Journal de l'Empire de la main invisible qui a tenté de les ensevelir dans la nuit du mensonge. *Arriéré réel
du Ministère
de
la Guerre.*

L'Arriéré de la Guerre est donc définitivement reconnu et fixé à 277 millions, et même à 373 millions en y comprenant 1814, au lieu de 89 millions : c'est ce qu'il s'agissait de prouver, et ce qui est démontré par les aveux et les contradictions des Ministres du deuxième trimestre de 1815 (1).

Quant aux autres Ministères, le silence le plus absolu est gardé dans l'Exposé et dans le Compte sur l'évaluation de leur Arriéré : *on ne prouve*, on n'accuse aucune exagération : on produit, il est vrai *(pages 102 à 105)*, des États *G* bien inférieurs aux évaluations de 1814; mais ces états sont intitulés *aperçus*, ils servent de base à des crédits d'à-compte, ils sont sans preuves, ils ne peuvent faire règle, et nous devons nous reporter, sans crainte d'erreur, aux premières évaluations extraites d'états certifiés par les Ministres. *Arriéré des divers
Ministères.*

D'après les discussions et les calculs qui précèdent, l'Arriéré devra être évalué comme il suit : *Récapitulation
du montant réel
et rectifié
de l'Arriéré.*

1.º Le Ministre des Finances du deuxième trimestre 1815 propose d'accorder et de répartir entre les Ministres (non compris les fonds de réserve et les Finances), ci . . . . 126,480,000^f

2.º Il omet l'Arriéré du Trésor et des Finances, remboursé en grande partie . . . . 115,225,000.

3.º L'Arriéré du Ministère de la Guerre est reconnu, dans l'Exposé *(version du Journal de l'Empire)* par le Ministre de l'Intérieur, s'élever à la somme de . . . . 277,928,000.

Sur laquelle il reste, dit-il, à payer. . . . . 218,226,000.

Et sur laquelle par conséquent il a été payé. . . 59,702,000.

L'État *D* indique des paiemens sur 1813, pour. . . . . 25,249,000.

Le surplus aura été payé sur 1814.   34,453,000.   } somme pareille.

Reporté . . . . . . 241,705,000.

---

(1) Ces résultats doivent être d'accord avec l'état que le Ministre des Finances a dû recevoir du Ministre de la Guerre en 1815, et qu'il n'aura pas voulu suivre, tandis que le Ministre de l'Intérieur s'y est conformé dans l'Exposé.

$$\textit{Report}\dots\dots\dots\dots \quad 241{,}705{,}000^{\text{f}}$$

Le Ministre des Finances de 1815 ne demande, pour le Ministère de la Guerre, qu'un crédit de..................... 89,450,000.

Il omet les paiemens faits..................... 59,702,000.

Il réduit arbitrairement..................... 128,776,000.

Somme pareille aux calculs du Ministre de l'Intérieur dans l'Exposé *(version du Journal de l'Empire)*..................... 277,928,000.

Il faut donc, pour retrouver l'évaluation primitive, rétablir,

Les paiemens effectués sur 1813..................... 25,249,000.

La réduction démentie dans l'Exposé par le Ministre de l'Intérieur et par celui de la Guerre...... 128,776,000.

Dissimulation et réduction arbitraires sur la Guerre seule, pour 1813 et antérieurs................. 154,025,000. ci 154,025,000.

4.° L'Arriéré des autres Ministères a été réduit par le Ministre des Finances de 1815, à..................... 30,300,000.

Au lieu de la somme portée dans le Compte de 1814..................... 112,334,000.

Il n'est pas justifié que les Ministres aient demandé cette réduction ; dès-lors leurs premières demandes continuent de subsister, et il faut rétablir la différence à l'Arriéré, ci..................... 82,034,000. ci 82,034,000.

Le Ministre des Finances du deuxième trimestre 1815 ne pouvait se dispenser, d'après les preuves qu'il avait en main, de reconnaître, pour être exact, que l'Arriéré s'élevait à..................... 477,764,000.

Exagération réelle de l'évaluation de l'Arriéré en 1814. — Cet Arriéré avait été évalué par le Ministre des Finances de 1814 (non compris 1814) à..................... 527,559,000.

L'exagération de l'Arriéré de 1813 paraît donc avoir été au plus de (1)..................... 49,795,000.

Cette exagération n'égale pas le dixième de l'évaluation totale. Une pareille erreur est-elle bien grave, bien condamnable, bien dangereuse ! N'était-elle pas inévitable à l'époque où le Compte de 1814 fut dressé, trois mois après le changement du Gouvernement et du Ministère !

---

(1) *Voir* l'Opinion d'un Créancier de l'État, *page 16*, 2.ᵉ édition.

Le nouveau Budget dressé quinze mois après , en 1815 , est bien moins exact , puisqu'il ne reconnaît en apparence qu'une Dette de . . . . 251,775,000.

Tandis qu'il devait en reconnaître une de . . . . 477,764,000.

Dissimulation totale . . . . 225,989,000.

Dissimulation
de près de moitié
de l'Arriéré
par le Ministre
de 1815.

Le Compte publié en juin 1815 ne nous révèle donc pas la vérité ; il ne fait que changer de système, ou plutôt d'erreur ; il substitue une dissimulation de 226 millions à une exagération de 50 millions.

Le Trésor et ses Créanciers ont-ils gagné à changer d'erreur !

En exagérant les besoins d'un dixième, on obtenait des crédits surabondans, et tous les paiemens étaient d'autant mieux assurés.

En dissimulant les besoins , en les atténuant de moitié , en ne demandant que des fonds insuffisans, on effraie les Créanciers, on détruit le Crédit, on rend le paiement et la libération de l'État impraticables.

Les Ministres des Finances ne travailleraient-ils pas plus utilement pour leur pays, et plus honorablement pour leur réputation, en s'occupant de connaître et de dire la vérité, bien plus que de critiquer les projets, de renverser les plans, de relever les erreurs prétendues et d'exagérer les torts de leur prédécesseur ! Espérons qu'à l'avenir nous les verrons uniquement animés d'une patriotique émulation, ne lutter entre eux que de zèle et de talens.

OBSERVATIONS SOMMAIRES SUR LE BUDGET DE 1814 (1).

Reproche
singulier d'avoir
omis
ce qui est écrit
deux fois.

LE premier reproche fait par le Ministre des Finances du deuxième trimestre 1815 au Budget de 1814, est celui ci-contre,

Il serait à peine croyable que le Ministre des Finances de 1814 *n'eût pas aperçu* un pareil déficit dans son Budget ; mais il est presque aussi incroyable que le Ministre des Finances de juin 1815 lui reproche de *ne l'avoir pas aperçu*, si en effet il l'a vu et annoncé textuellement. Le Compte de 1814 doit nous indiquer laquelle de ces invraisemblances est une vérité. J'ouvre ce Compte, et j'y lis, *pages 19 et 27* (2), les notes ci-après, que je transcris en les abrégeant.

(Page 11) du Compte.

« Le Budget décrété le 23 septembre 1814, avait
» fixé les recettes faites ou à faire à
» la somme de............... 520,000,000^f
-» Les dépenses payées ou restant
» à payer sont fixées par le nouveau
» Budget, savoir :
» Pour les paiemens faits dans le
» 1.er trimestre 1814. 152,881,000.
» Pour les sommes
» restant à payer.... 442,928,000. } 595,809,000.
» Premier déficit que la forme
» compliquée de ce Budget *n'avait*
» *pas permis d'apercevoir*........ 75,809,000.

Page 19. « Il pourra paraître contradictoire que l'on porte (pour le premier
» trimestre 1814) les sommes payées sur 1814 à.......... 152,881,000^f
» et les sommes reçues sur 1814 à....................... 77,072,000.

» En sorte qu'il a été payé pendant ces trois mois une somme de. 75,809,000.
» en excédant des recettes faites sur 1814.

» L'excédant a été payé sur les recettes des exercices antérieurs, sur les fonds
» spéciaux, &c. »

Page 27. N. B. « Les situations des exercices 1813 et 1814 sont deux exemples
» frappans des anticipations de dépense.

» Sur l'exercice 1814 il n'a été reçu que................. 77,072,000.
» il a été payé .... 152,881,000.

» Les dépenses excèdent les recettes de............. 75,809,000.

La suite des notes indique les causes de cet excédant de paiement sur les recettes, et quelles sont les ressources qui y ont été employées. Le Ministre des Finances de

---

(1) J'invite de nouveau ceux qui me liront à suivre mes raisonnemens et mes calculs, les deux Comptes de 1814 et de 1815 à la main. J'indique les pages où se trouvent toutes mes citations.

(2) Et dans quelques exemplaires auxquels le discours est joint, *pages 31 et 39.*

1814 prenant le point de départ de son Budget au 1.er avril, a dû se borner à indiquer la situation au 1.er avril, ce qu'il a fait deux fois ; il n'a pas dû porter la différence de 75,809,000 fr. dans son Budget, qui ne comprenait plus que la somme restant à payer au 1.er avril et pendant les neuf derniers mois 1814. Il n'en résultait ni erreur ni déficit, parce que des paiemens effectués ne peuvent former un déficit dans un Budget. Je m'abstiens de qualifier le reproche qui lui est fait de *n'avoir pas aperçu* un résultat qu'il a deux fois écrit tout au long dans son Rapport. Je le note seulement comme une des preuves de la véracité du Compte de juin 1815.

Les autres observations et critiques principales adressées au Budget de l'exercice 1814, *pages 11, 12, 13, 14 et 15* du Compte publié en juin 1815, sont :

L'inexactitude dans l'évaluation des recettes ;

La dissimulation de plusieurs recettes et dépenses ;

Le rejet sur le crédit de l'Arriéré d'une partie des dépenses des neuf derniers mois de 1814 ;

La combinaison du crédit en forêts.

Je vais examiner successivement ces reproches.

Le Budget des Recettes de 1814 était fixé par la Loi du 23 septembre 1814, à . . . . 520,000,000.

Le Budget proposé en juin 1815 *(page 56, État A)*, fixe les mêmes revenus à . . . . (1) 519,038,353.

Quel Budget fut jamais réalisé avec plus d'exactitude ; et ces résultats ne détruisent-ils pas le reproche qu'ils accompagnent.

Il est vrai que quelques recettes produisirent plus que l'estimation qui en avait été faite ; mais le Compte de juin 1815 prouve que les excédans de recettes ne firent que balancer des déficits prévus avec une exactitude que l'on n'aurait osé espérer et que l'on ne pouvait exiger dans les circonstances où le Budget de 1814 fut préparé et proposé.

Les excédans de recettes portent

Sur les douanes et sels, qui ont produit *(page 56, État A)* . . . . 43,508,932. et qui n'avaient été évalués qu'à . . . . 25,000,000.

Sur ce seul article il y a un excédant de recette de . . . . 18,508,932.

Je prie de remarquer que de tous les produits du Budget, les droits de douanes sont ceux sur lesquels une Administration des Finances éclairée, vigilante et économe, peut le plus influer par un tarif habilement conçu, par une surveillance active, sévère et peu coûteuse. Ce revenu est précisément celui qui a le plus surpassé les espérances.

Au 1.er avril 1814, les lignes de douanes étaient rompues ; la contrebande, organisée sur toutes les frontières, fournissait avec audace à la consommation, et avait

BUDGET OU ÉVALUATION DES RECETTES.

Douanes.

____

(1) Ce résultat n'est encore qu'approximatif.

formé dans l'intérieur d'immenses approvisionnemens en exemption de tous droits. Il fallut réorganiser les douanes sur tous les points.

Un tarif entièrement nouveau fut introduit ; on ne pouvait en prévoir les résultats.

La réorganisation fut si prompte et la combinaison du nouveau tarif fut si heureuse, qu'en réduisant la plupart des droits au tiers, au quart et même au-dessous, on découragea la contrebande et on augmenta la consommation à un tel point, que les recettes espérées furent presque doublées. J'en citerai un exemple bien remarquable.

Accroissement prodigieux de la consommation des Sucres.

Les droits perçus sur les sucres pendant les neuf derniers mois de 1814, qui ne peuvent compter que pour sept mois de perception, portèrent sur une quantité de plus de... 26,500,000 kilog.

La quantité sur laquelle les droits furent perçus en 1813, pour douze mois, ne fut que de......................... 7,000,000.

L'accroissement de l'importation et de la consommation fut pendant sept mois de 1814, comparé à douze mois de 1813, de.. 19,500,000.

En 1813, la France comptait cent trente Départemens cernés par une frontière intacte, défendue de la contrebande par des fleuves et des montagnes, et par une triple ligne de douanes.

En 1814, la France ne comptait plus que quatre-vingt-sept Départemens, sa frontière était ouverte et sa ligne de douanes rompue de toute part et désorganisée.

Cependant la quantité de sucre importée et consommée, sur laquelle les droits furent perçus, fut proportionnellement en 1814 six fois plus considérable qu'en 1813.

Réduction du droit sur les Sucres, et accroissement du produit de ce droit.

	Sucre brut.	Sucre terré.
Le droit perçu en 1813 était par quintal, de............	300^f	400^f
Le droit perçu en 1814 n'était par quintal que de........	65.	100.
Ce droit avait été réduit des trois quarts..............	235.	300.

Cependant l'ancien droit exorbitant n'a produit pendant les douze mois de 1813, dans cent trente Départemens, que 22 millions.

Sur ce pied l'ancien droit n'a produit en 1813, pour les quatre-vingt sept Départemens, que........................... 14,500,000^f

sur lesquels il a fallu prélever des frais énormes de surveillance et de garde.

Sept mois de 1814 produisirent par le nouveau droit 12,900,000^f et douze mois sur ce pied auraient produit .... 22,000,000.

avec beaucoup moins de frais et de dépenses.

Malgré la diminution du droit, ou plutôt à cause de cette diminution, le produit annuel a augmenté de................ 7,500,000.

bénéfice auquel il faut ajouter le montant d'une très-forte diminution de dépense et tous les avantages provenant de la réduction de la fraude, de la facilité de la surveillance, de la diminution du prix marchand, qui, en sextuplant la consommation, a procuré une jouissance utile, excité le travail et produit une foule d'autres avantages pour toutes les classes du peuple.

Admirable preuve de ce principe d'administration, que *les tarifs les plus élevés ne sont pas les plus productifs*, et que *le meilleur tarif pour les Finances comme pour la richesse publique est celui qui approche de plus près le point où la consommation s'élève au plus haut degré, où la fraude est sans profit, et la surveillance peu coûteuse.* Principe ignoré de l'Administration précédente, qui ne connaissait d'autres moyens d'accroître ses produits, que d'élever ses tarifs, et d'y ajouter les saisies, les confiscations, les violences et les injustices.

Le produit des coupes de bois avait été estimé.............. 10,000,000ᶠ   Coupes de bois.
Elles produisirent *(page 56, État A)*..................... 24,542,982.

Les recettes excédèrent l'estimation de.................... 14,542,982.

Au 1.ᵉʳ avril 1814, tous les acquéreurs de coupes de bois étaient en réclamation, prétextaient des pertes, des retards d'exploitation, réclamaient des délais et des réductions entières ou partielles. *(V. page 24 (1) du Compte de 1814.)* L'activité et la sévère justice apportées dans la décision de leurs réclamations, ont permis de recouvrer bien au-delà de ce que l'on devait espérer.

Quelles critiques peuvent être moins fondées que celles qui portent sur les deux articles ci-dessus! on ne peut les prendre que pour des éloges déguisés dus à la délicatesse d'un successeur impartial.

On reproche au Ministre des Finances de 1814 d'avoir omis de comprendre dans le Budget le produit des centimes extraordinaires de 1813 et de 1814 : on feint   Centimes extraordinaires. d'oublier qu'il a plusieurs fois annoncé cette déduction, et qu'il en a expliqué les motifs dans ses rapports et dans ses discours; il s'en explique *(pages 23 et 24 (2) de son Rapport)* comme il suit :

« Dans un grand nombre de Départemens, le recouvrement a été troublé; les » perceptions ont été faites pour le compte des armées qui les occupaient; les réqui- » sitions, les ravages de la guerre, ont mis plusieurs Départemens hors d'état de » payer leurs contributions; les déficits de recouvrement sur les contributions directes » ordinaires des années 1813 et 1814 seront très-considérables.

---

(1) Ou *page 12* dans quelques exemplaires.
(2) Ou *pages 11 et 12*,

» *Nous ne porterons que pour mémoire*, dans nos évaluations, les cinquante centimes
» extraordinaires sur la contribution foncière de 1814, et le doublement des contri-
» butions personnelle et mobilière et des portes et fenêtres. Nous supposerons qu'une
» grande partie de ce produit sera absorbée par sa compensation avec les bons de ré-
» quisitions, autorisés par arrêt du Conseil du 13 juin dernier, et que les sommes
» qui ont été ou seraient recouvrées dans les Départemens restés intacts, *suffiront*
» *seulement pour couvrir les non-valeurs inévitables et les dégrèvemens* dans ceux où le
» recouvrement des contributions ordinaires est devenu impraticable.

» Cette évaluation, comme la plupart de celles que nous présentons au milieu
» des incertitudes qui nous environnent, est fort éventuelle.

» Le Compte du produit des contributions directes ordinaires et extraordinaires
» de 1813 et de 1814 sera présenté à V. M., dès que le recouvrement sera
» terminé : mais, quant à présent, nous croyons pouvoir ne considérer les *contributions*
» *extraordinaires que comme la compensation des contributions ordinaires enlevées au Trésor*
» par les perceptions étrangères, par les réquisitions et par les dévastations ; et cette
» considération est certainement le plus puissant motif qui exige le maintien des
» contributions extraordinaires pour 1814, puisqu'elles n'ajoutent rien aux ressources
» du Trésor, et *qu'elles comblent seulement le déficit* que les événemens y ont
» apporté. »

Compensation des réductions des Recettes.

Pour juger si le Ministre des Finances de 1814 a été exact dans ses évaluations
et fidèle à ses promesses, il faut faire le calcul de la compensation qu'il promettait de
faire entre les contributions ordinaires qui auraient été perdues pour le Trésor, et les
centimes extraordinaires qu'il a reçus.

Sur les Contributions directes ordinaires.

Les contributions directes ordinaires étaient portées au Budget de 1814, pour leur
montant intégral, qui était de.................................... 291,266,000.
Le Ministre de juin 1815 ne les porte plus, dans son projet de
Budget *(page 56, État A)*, qu'à................................... 280,266,000.

Il fait, sans en prévenir, une réduction de.................... 11,000,000.

Mais cette réduction est insuffisante ; car, suivant l'*État E, page
100*, les recettes effectuées ne s'élevaient au 1.er mai qu'à la somme de 262,652,000.

A cette époque, quatre mois après la clôture de l'année 1814, les
recouvremens touchaient à leur terme. Les événemens postérieurs auront à peine permis de recouvrer deux ou trois millions de plus. L'é-
valuation primitive du Budget de 1814 était de.................... 291,266,000.

La perte pour le Trésor, sur les contributions directes ordinaires,
aura dû être de près de... 28,614,000.

Report.............. 28,614,000.

Au 1.er avril 1814, plus du tiers de la France était occupé par des armées étrangères, qui y percevaient les contributions pour leur compte. Il fut stipulé par le Traité de paix, que l'administration et la perception des revenus publics seraient immédiatement rendues aux agens du Roi, sous la condition de racheter ces revenus par le paiement d'une somme de...................................... 25,000,000.

    25 millions payés aux Étrangers.

Cette somme était pour le Trésor une réduction sur le produit des contributions ordinaires, et elle faisait partie des compensations prévues par le Ministre des Finances de 1814; mais, au 14 juillet 1814, le paiement de cette somme n'était pas même commencé (1), et il n'était ni nécessaire ni convenable de le publier encore. Sa place lui était réservée dans le Compte de 1815, et son imputation assurée sur le produit des centimes extraordinaires qui devaient restituer au Trésor le déficit des contributions directes ordinaires montant ainsi à.. 53,614,000.

Le produit des centimes extraordinaires a été, suivant le compte de juin 1815 (*pages 12 et 56*), de 40,969,756 francs, ci........ 41,000,000.

    Produit des Centimes extraordinaires.

Cette compensation opérée, le Trésor éprouve encore sur les contributions directes ordinaires portées au Budget pour leur montant intégral de 291,266,000, un déficit de..................... 12,614,000.

Ce déficit fut atténué par les excédans de recettes sur les autres produits.

Nous avons vu que les évaluations avaient été dépassées,

    Sur les douanes, de .... 18,500,000.}
    Sur les coupes de bois, de .... 14,500,000.} 33,000,000.

    Excédant des Recettes.

Restait un excédant de............................... 20,386,000.

    Sur l'Enregistrement et les Domaines.

Lequel a été plus qu'absorbé par les déficits ci-après :

L'enregistrement et les domaines étaient évalués dans le Budget de 1814, pouvoir produire...................... 104,715,000.

Ce revenu n'est plus porté dans le Budget proposé en juin 1815 (*pages 56 et 100, États* A *et* E), que pour. 88,623,000.

Nouvelle réduction faite sans en prévenir........ 16,092,000.

A reporter............ ci 16,000,000.

(1) Il fut remis pour cette somme des engagemens ou promesses de paiement échéant du 1.er décembre 1814 au 31 décembre 1815. (*Page 13.*)

Report. . . . . 16,000,000^f

Sur la Loterie, les Postes. La loterie n'a rien produit ; elle avait été estimée. . . . . 4,000,000.

Les postes offriront une réduction au moins de. . . . . 3,000,000.

Pertes et réductions supérieures à l'excédant ci-dessus (1). . . . . 23,000,000.

Il n'y a donc aucun excédant de recette dissimulé par le Ministre des Finances de 1814 ; et la compensation qu'il avait prévue et annoncée, ne s'est que trop réalisée et a consommé en entier le produit des centimes extraordinaires, que, dans cette appréhension, il n'avait porté que *pour mémoire*.

Néanmoins des décharges considérables avaient été accordées à plusieurs Départemens, et d'autres plus considérables étaient préparées, lorsque le mois de Mars 1815 renversa tous ces projets et bouleversa tous ces calculs.

Versemens du Domaine extraordinaire. Une somme de 9,515,500 fr. avait été, par les soins du Ministre des Finances de 1814, reprise sur les fonds emmenés à Blois ; elle fut ramenée à Paris, malgré l'ordre qui devait la conduire à l'île d'Elbe, comme un puissant instrument de fomenter les troubles et la rébellion. Cette somme fut provisoirement employée au paiement de la solde arriérée, ainsi que les journaux l'annoncèrent en mai 1814. Elle provenait de la Liste civile, et appartenait à la Couronne : elle ne fut versée à la Caisse de service qu'à titre de dépôt. La question de savoir si cette somme serait rendue à la Couronne, affectée au Domaine extraordinaire, ou abandonnée au Trésor pour être portée au Buget, était indécise au 1.er juillet 1814, lorsque le Budget fut arrêté ; et elle ne put ni ne dut y être comprise : sa place était marquée dans le Budget à présenter en 1815.

Recettes et Dépenses appartenant à 1813. Le reproche qui suit est encore plus ridicule. Le Ministre des Finances de 1814 formait un Budget et un Compte séparé des recettes affectées à 1813. Le Ministre des Finances de juin 1815 lui reproche de ne pas avoir compris ces recettes dans le Budget et le Compte de 1814 ; il lui reproche également de n'avoir pas porté dans les dépenses de 1814 le rachat des Obligations affectées à l'Arriéré de 1813 et antérieurs ; et pour réparer cette prétendue omission, il ajoute à la recette de son Budget de 1814, 20,940,460 fr., et à la dépense pareille somme. Il conclut de ce que le Budget de 1814 ne comprenait pas des recettes et des dépenses de 1813, qu'il était incomplet et ne présentait pas un résultat vrai, ni en recette, ni en dépense.

Après les explications qui précèdent, il est curieux de voir la gravité et l'assurance avec lesquelles le Ministre des Finances du deuxième trimestre 1815 adresse

---

(1) Je néglige les fractions et quelques autres réductions peu importantes : je ne présente pas un compte, mais des rapprochemens généraux ; il suffit que les masses soient exactes, et elles le sont autant que les Comptes imprimés desquels j'extrais tous les chiffres que je cite.

(pages 12 et 13) au Ministre des Finances de 1814, les reproches que je viens de discuter.

« Ce Budget (1814) était d'ailleurs incomplet, en ce qu'il ne comprenait ni la totalité
» des recettes que l'exercice 1814 devait procurer, ni la totalité des dépenses auxquelles
» il était nécessaire de pourvoir.

» Il manquait au chapitre des recettes, 1.º L'estimation de ce que l'on pouvait
» attendre du recouvrement des centimes extraordinaires de 1813 et 1814, portés
» seulement *pour mémoire*, et qui ont produit un versement effectif de 40,969,756^f

» 2.º Un versement provenant du Domaine privé de l'Empereur, ci.   9,515,500.

» 3.º L'estimation de ce qui pourrait être reçu en 1814, sur le produit
» de la vente des Biens des Communes, qui a procuré le versement d'une
» somme de 20,920,460 fr. applicable aux dépenses de cet exercice, ci.   20,920,460.

» Total de ce qui manquait à l'estimation des recettes....   71,405,716.

» Il manquait, d'un autre côté, au chapitre des dépenses, une somme de 25 mil-
» lions due aux Étrangers en conséquence des articles secrets du Traité de Paris, et
» qui leur a été payée en Bons royaux, échéant partie en décembre 1814 et le sur-
» plus en 1815, ci..................................   25,000,000.

» A quoi il faut ajouter la somme qui a été prélevée sur les recettes,
» pour racheter sur la place, au fur et à mesure des émissions, les Obliga-
» tions affectées au paiement de l'Arriéré, ci.....................   20,920,460.

» Total à ajouter au chapitre des dépenses, ci.........   45,920,460.

» Il devient par conséquent indispensable de refaire en entier le Budget de 1814,
» pour présenter un résultat vrai en recette et en dépense. »

J'avoue que je fus d'abord tenté de prendre de pareilles critiques pour des plai-
santeries, pour une mystification. Cependant, lorsque je m'aperçus, à mon grand
étonnement, que les membres des deux Chambres et la plupart de ceux auxquels le
Compte de juin 1815 fut adressé (1), étaient dupes des calculs erronés qu'il renfer-
mait, il me parut utile d'en faciliter la vérification par les observations qui précèdent,
et par celles qui vont suivre sur le Budget des Dépenses de l'exercice 1814. Je vais
rectifier préalablement quelques calculs sur un article important de recette.

Le Ministre des Finances de 1814 avait demandé, et la Loi du 23 septembre 1814
avait accordé la faculté de vendre trois cent mille hectares de Bois; il avait annoncé,
dans son discours du 2 septembre à la Chambre des Députés (*page 29*), qu'il
existait en France *cent quatre-vingt-trois mille hectares en trois mille deux cents morceaux*

Vente des Bois
de l'État.

---

(1) J'ai déjà dit qu'il en fut distribué douze cents exemplaires au moins.

détachés au-dessous de cent hectares ; il avait dès-lors annoncé la nécessité de vendre cent vingt-sept mille hectares en morceaux au-dessus de cent hectares, pour compléter le crédit de trois cent mille hectares.

Pour régler cette opération, le Ministre décida, comme il l'avait annoncé à la Chambre, que tous les morceaux détachés seraient vendus, que l'on pourrait vendre les angles saillans sur les propriétés particulières, jusqu'au complément des trois cent mille hectares. Il fut recommandé de commencer les ventes par les morceaux estimés 500 fr. l'hectare et au-dessus. *(Page 14.)*

Déjà cent cinquante mille hectares avaient été estimés pour une valeur de 105 millions.

Vingt-sept mille hectares divisés en neuf cents morceaux avaient été vendus 23 millions, quand le 20 mars interrompit cette opération.

Il en résulte que les morceaux mis en vente étaient, terme moyen, d'une étendue de trente hectares et d'une valeur de 850 fr. l'hectare (1).

Le Ministre des Finances de juin 1815 accuse son prédécesseur *(pages 14 et 15)*, d'avoir exécuté ce qu'il avait ouvertement annoncé par ses calculs, la nécessité de vendre des parties de grandes forêts pour compléter les trois cent mille hectares. Et que fait-il pour nous rassurer ! Il convertit ce crédit en nature en un crédit en numéraire de 300 millions ; il ordonne de vendre les bois, quel que soit leur prix, et même au-dessous de 500 fr. l'hectare.

En supposant les ventes, terme moyen, au taux de 500 fr., il faudrait, pour compléter le crédit de 300 millions, vendre six cent mille hectares de bois au lieu de trois cent mille accordés par la Loi du 23 septembre 1814. Il faudrait donc prendre au moins quatre cent mille hectares sur les grandes forêts.

Lequel ménageait le plus le sol forestier, du crédit de 300 mille hectares du Ministre des Finances de 1814, ou du crédit de 300 millions du Ministre des Finances de juin 1815 ! Et à quoi songe celui-ci de venir accuser le premier, en même temps qu'il fait des propositions deux fois plus désastreuses pour les forêts, *si les vendre est un désastre !*

Le Ministre des Finances du deuxième trimestre 1815 demande, dans son projet de

---

(2) La forêt de Baugé n'a pas été mise en vente ; l'estimation n'en a pas même été terminée. La forêt de Baugé, proprement dite, ne contient que deux cent trente-cinq hectares : on désigne aussi sous ce nom collectif, deux mille hectares environ de bois disséminés sur six ou sept lieues de pays, et séparés en petits morceaux isolés, par des propriétés particulières. Parmi ces bois, il en existe qui offrent une suite de huit cents hectares environ de morceaux irréguliers, se touchant par une ou deux rives, et environnés de plusieurs côtés par des propriétés particulières : ils sont d'une garde difficile ; la plus grande partie serait, par ces motifs, dans le cas d'être vendue.

Budget de 1814 *(pages 13, 21 56 et 100, États A et E)*, un crédit supplémentaire sur le produit des ventes de Bois décrétées par la Loi du 23 septembre 1814, de la somme de . . . . 184,479,855^f

Le Ministre des Finances de 1814 avait demandé, pour aligner le Budget de l'exercice 1814, un crédit extraordinaire en valeur de l'Arriéré, c'est-à-dire à prendre sur le produit des Bois, de . . . . 231,606,000.

Il n'y a donc, en résultat, de différence dans le supplément de ressources extraordinaires demandé par les deux Ministres, que la somme de . . . . 47,126,145.

Cette réduction paraît l'accomplissement de la promesse faite par le Ministre des Finances de 1814. *(Page 19 ou 31.)*

« Cet excédant (231,606,000 fr.) provient de l'excès des dépenses du premier
» trimestre de 1814; il forme déficit sur 1814. J'ai la confiance qu'*il sera consi-*
» *dérablement réduit* par les économies que les Ministres obtiendront dans le cours
» de l'année, et par l'examen des créances des premiers mois de 1814, fait avec
» justice, mais avec sévérité.

» Ce déficit du premier trimestre de 1814 devra être reporté sur le crédit ouvert
» pour le paiement des dépenses antérieures au 1.er avril, puisqu'il est démontré
» qu'il ne peut être acquitté sur les recettes de l'année. C'est le seul moyen de ré-
» tablir l'équilibre entre les recettes et les dépenses de 1814. »

Cette manière de rétablir l'équilibre entre les recettes et les dépenses de 1814, a été critiquée par le Ministre des Finances de juin 1815 *(pages 11, 12 et 13). Il était,* dit-il, *également contraire à la loi de payer les Créanciers du premier trimestre 1814 en numéraire, et ceux des neuf derniers mois 1814 en Obligations.*

On n'a pu émettre des Obligations que lorsqu'elles ont été créées. Pouvait-on payer autrement qu'en numéraire du 1.er avril au 23 septembre 1814 ! Eût-il été pré-férable de suspendre tout paiement ! les Créanciers songent-ils à s'en plaindre ! en est-il résulté un tort réel pour le Trésor ! et ne l'accuse-t-on pas d'avoir trop bien fait !

Il eût été injuste de payer les Créanciers des neuf derniers mois en valeur de l'Arriéré, dit-on encore.

Mais si, comme cela fut, les valeurs affectées au paiement de l'Arriéré étaient maintenues au pair, n'était-il pas indifférent pour les Créanciers d'être payés en Obli-gations ou en numéraire ; et ne suffisait-il pas, pour l'exécution de la Loi, que la somme des Obligations émises n'excédât pas le montant de l'Arriéré liquidé et payé, n'importe en quelles valeurs ! c'était là le seul résultat important. Les combi-naisons intermédiaires, loin d'être reprochables, doivent être approuvées et louées, si elles ont été favorables aux intérêts des Créanciers et à ceux du Trésor.

BUDGET
DES DÉPENSES
de 1814.

Excédant
des Dépenses
sur les Recettes.

Moyens
d'y pourvoir.

Réduction du Budget des Dépenses.

Le Ministre des Finances de 1814 avait proposé, et la Loi du 23 septembre avait réglé le Budget des dépenses de l'exercice 1814 à la somme de 827,415,000f

Le Ministre des Finances du deuxième trimestre 1815 a proposé de le fixer *(page 57, État B)* à .... 729,003,464.

La réduction des premiers calculs qu'il déclarait si prodigieusement exagérés, est donc de .... 98,412,000.

Pour quelques Ministères.

Dans les réductions qui composent cette somme, il en est plusieurs que personne ne peut accuser : il n'y a certainement (en finances) que des éloges à donner aux Ministres qui par la suppression de dépenses exagérées ou superflues, par des habitudes sévères d'ordre et d'économie, sont parvenus à réduire leurs dépenses définitives au-dessous des premières estimations et du crédit accordé par la Loi. Je ne crois pas qu'aucun Ministre des Finances, qu'aucun Représentant, qu'aucun Contribuable pût blâmer

Le Ministre des Affaires étrangères, d'avoir, sur un Budget de 9,158,000 fr., obtenu une économie de .... 1,000,000.

Le Ministre de la Marine, sur un Budget de 70,033,000 fr., une économie de .... 7,500,000.   14,000,000.

Le Ministre des Finances, sur un Budget de 23,020,000 fr., une économie de .... 5,500,000.

Par de pareilles économies, ces Ministres ont accompli le vœu manifesté par les Chambres ; ils ont contribué au soulagement des peuples ; ils ont rempli un de leurs devoirs ; ils ont mérité des remercîmens et des éloges.

Reste une exagération d'évaluation, provenant pour la presque totalité de la Guerre, de .... 84,412,000.

Pour le Ministre de la Guerre.

Le Ministre de la Guerre est-il plus blâmable !

Il avait obtenu par la Loi du 23 septembre 1814 un crédit de.... 446,022,000.

Le Ministre des Finances du deuxième trimestre 1815 annonce, sans le prouver, qu'il n'a été dépensé que .... 363,233,000.

Il en résultera dans le Budget, en le supposant exact, une réduction de dépense de .... 82,789,000.

Le Ministre des Finances de juin 1815 se plaint et s'irrite d'une réduction, comme un autre se plaindrait d'une augmentation de dépense ; je ne conçois ni ne partage

sa plaisante colère. Il faut voir dans son Compte et dans l'Exposé avec quel ton de
supériorité et de pitié il gourmande son prédécesseur.

*Voyez, s'écrie-t-il, combien les premiers calculs étaient inexacts, combien on a trompé
la Nation, combien cette erreur était dangereuse ! ! !*

Le Ministre des Finances de 1814 ne peut s'en défendre ; il faut qu'il confesse
humblement une exagération sur 1814, de. . . . . 84,412,000^f

Je l'ai convaincu plus haut *(page 20)* sur 1813, d'une exagération de. 49,795,000.

Il a sur la conscience une erreur involontaire ou une exagération
volontaire (je ne décide pas cette question délicate), de. . . . . 134,207,000.

Mais son cas n'est-il pas graciable, et ne peut-il pas espérer de fléchir son intrai-
table successeur et prédécesseur par ces touchantes paroles :

> Je conviens que *de vous je médis l'an passé.*
> . . . . *Que Votre Majesté*
> *Ne se mette pas en colère :*
> *Mais plutôt qu'elle considère. . . . . . .*

Que je lui ai succédé au 1.er avril 1814 ;

Qu'alors les caisses étaient parfaitement vides ; que plus d'un tiers de la France était
envahi et dévasté ; que j'avais à peine eu trois mois pour préparer les Comptes des
Ministres et du Gouvernement précédens ;

Que je ne fis que répéter l'opinion que depuis long-temps j'exprimais hautement
sur l'administration de Votre Excellence ; c'est à savoir qu'irréprochable sous le rapport de l'intégrité, cette administration était fort peu recommandable sous les autres
rapports ;

Que le Crédit public, assommé dès l'an IX, traité pendant quatorze ans en ennemi,
était mourant depuis dix-huit mois, et aurait été depuis long-temps enterré par les
efforts de Votre Excellence, si un *idéologue* ne lui eût donné refuge et protection
au Trésor.

Je reconnais que les anciens Budgets me présentaient d'illustres exemples d'exactitude ; qu'ils n'éprouvèrent jamais de réduction réelle de dépenses ; mais bien au contraire
des augmentations de cent, deux cent, trois cent millions, plus ou moins ; qu'une
exagération dans les évaluations des dépenses, ou une économie définitive de 134
millions sur les crédits, est tout-à-fait neuve dans l'histoire des Finances de la France :
c'est une invention diabolique entièrement de mon fait, et dans laquelle je me suis
méchamment jeté par la manie de ne pas imiter mon prédécesseur.

E

Que Votre Excellence daigne considérer qu'ayant évalué les dépenses arriérées

à. . . . .   759,000,000^f

Et le Budget des neuf derniers mois 1814, à. . . . .   674,534,000.

Une erreur de 134 millions sur une somme totale de. . . . . .   1,433,534,000.

n'est pas du dixième de l'évaluation totale. Or les Budgets de votre Excellence, les plus beaux modèles que je connaisse, ont bien rarement, même dans les circonstances les plus favorables, approché aussi près des premières évaluations.

J'ai aussi à me reprocher d'avoir ressuscité et mis en honneur le Crédit public, rétabli la confiance, remis au courant toutes les parties du service, rempli les caisses du Trésor, ramené une abondance depuis long-temps inconnue, et laissé à mon successeur, après les dépenses extraordinaires et les désastres des vingt premiers jours de mars, plus de 40 millions accumulés dans la seule caisse du Trésor à Paris.

Si ces considérations ne peuvent apaiser Votre Excellence, je lui représenterai qu'elle a eu sa revanche ; que sa vengeance, cette passion des grandes ames, a dû être complètement satisfaite.

Trois mois et dix-huit jours lui ont été donnés, pendant lesquels elle a pu attaquer corps à corps son irréconciliable ennemi, le Crédit public, le terrasser, le punir d'avoir écouté ma voix et secondé mes plans.

Votre Excellence, avec l'aide des événemens, a pu vider entièrement les caisses, et remettre les Finances dans un état d'épuisement et de déshonneur beaucoup plus grave que lors de sa première retraite.

Elle a pu, sans éprouver de contradiction, faire accuser, calomnier de vive voix et par écrit, et à la tribune nationale, mes plans et mon administration.

Enfin qu'elle daigne considérer que si mes fautes ont été graves et multipliées, la persévérance et la sagacité qu'elle a mises à les découvrir, le courage avec lequel elle les a proclamées, le succès incontestable, complet, incalculable, avec lequel elle les a réparées, et l'impuissance absolue où elle m'a placé pour long-temps de les renouveler, doivent suffire à sa vengeance, comme ils suffisent à la gloire de son administration (1).

____

(1) J'ai supprimé les observations que j'avais préparées sur le Budget mort-né de l'exercice 1815. Parmi ces observations, j'avais placé la plupart de celles relatives au système de Contributions directes et indirectes suivi depuis l'an 8.

Du Mode de Paiement de l'Arriéré (1).

Le Ministre des Finances du deuxième trimestre 1815 nous a paru peu exact dans ses observations sur le Budget de 1814, et dans ses calculs sur l'évaluation de l'Arriéré ; peut-être sera-t-il plus heureux dans ses critiques sur le mode de paiement de cet Arriéré. Revenons au texte de l'Exposé et du Compte.

OBSERVATIONS.

Le Ministre de l'Intérieur se borne à faire ses prédictions sur la foi du Ministre des Finances, et nous renvoie à lui pour les *preuves.* Il ne fait que déclarer ce que le Ministre des Finances s'est chargé de prouver ; savoir : que le Budget de 1814 était la véritable boîte de Pandore, de laquelle tous les maux devaient s'échapper à-la-fois pour ruiner les Finances de la France. Nous allons, en suivant le Rapport de juin 1815, retracer tous les maux qu'éprouvèrent les Finances et les Créanciers de l'État pendant ces fatals onze mois.

Les premiers résultats *d'une semblable administration* avaient été de mettre tous les paiemens au courant, de porter la Rente de 45 à 80 fr., et de maintenir les autres Effets publics au pair. Quels *désordres* de tels commencemens ne doivent-ils pas faire craindre, et combien après deux années ne serait-il pas devenu *difficile de les réparer !*

Il a été porté promptement *remède à ce mal ; les conséquences en sont prévenues.*

Un nouvel Arriéré a été créé ; la Rente a été réduite au cours de 55 francs, et le Crédit public renversé.

Voilà en trois mois l'ouvrage de cette administration *accusatrice.*

Pouvait-on mettre plus de maladresse à accuser un Gouvernement qui n'aurait dû laisser que des souvenirs

EXTRAIT de l'Exposé et du Rapport sur les Finances de juin 1815.

Les Comptes généraux des deux Ministres des Finances et du Trésor *prouveront* quels devaient être les funestes résultats du système irréfléchi qui a été proposé pour le paiement de ces dépenses ; enfin, tout ce que l'imperfection des Budgets de 1814 et 1815 devait préparer dès l'année prochaine d'embarras au dernier Gouvernement. (*Exposé, page 37.*)

On ne craint pas de le dire : deux années *d'une semblable administration* auraient jeté les Finances dans *un désordre* qu'il fût devenu extrêmement difficile *de réparer.* (*Exposé, p. 37.*)

Heureusement nous sommes à temps encore pour *porter remède au mal* et en prévenir les conséquences. (*Exposé, pag. 37.*)

Et *le dernier Gouvernement* nous en a créé de tels, en une seule année d'administration, que pour peu qu'elle eût duré encore, il était impossible qu'elle n'entraînât pas *la ruine du Crédit public* et le renversement de

Inculpations vagues, suppositions gratuites, craintes feintes ou puériles que démentent les faits et les premiers résultats.

---

(1) *Voir* l'Opinion d'un Créancier de l'État, *pag. 42 et suivantes,* 2.ᵉ édition : *De l'évaluation de l'Arriéré, et des moyens d'y pourvoir.*

d'indulgence et de faiblesse, même à ses ennemis les plus acharnés, et dont l'Administration des Finances fut certainement la partie la moins vulnérable !

Je ne vois encore que les craintes puériles, les alarmes feintes d'un accusateur peu sincère, qui n'a pas étudié, qui n'a pas compris, ou qui feint de ne pas comprendre le système qu'il calomnie au lieu de le réfuter.

beaucoup de fortunes particulières. (Pag. 9 du Rapport sur les Finances.)

Convient-il, à cet égard, de maintenir le système consacré par la dernière Loi du Budget ! Je n'hésite pas à le déclarer, je ne le pense pas, et une courte épreuve ne paraît plus permettre la moindre incertitude à cet égard. *(Pag. 5 du Rapport.)*

Comment en effet ne pas reconnaître que si *quelques millions seulement* d'Obligations émises successivement et avec la précaution d'en racheter une partie à mesure de leur émission..... *(Pag. 5 du Rapport.)*

Les paiemens faits en Obligations et en numéraire furent en 1814 doubles de ceux promis en Rentes pour 1815.

36 millions d'Obligations furent émises pendant les trois premiers mois (décembre 1814, janvier et février 1815) : sur ce pied de 12 millions par mois, il eût été émis 144 millions d'Obligations en un an.

Nous avons prouvé plus haut qu'il avait été payé en onze mois 168 millions sur l'Arriéré ; une opération entreprise sur ce pied n'était pas aussi lente, aussi restreinte qu'il plaît de le dire.

Les nouvelles propositions sont apparemment plus libérales.

On propose pour une année un crédit de 150 millions en Rentes, qui ne produira pas aux créanciers 80 millions en numéraire. Le reproche de lenteur et de parcimonie, s'il était fondé, serait-il bien placé dans le Budget par lequel le nouveau Ministre *promet* aux créanciers moitié moins qu'ils *n'ont reçu* de son prédécesseur en un an !

Cours ou Crédit des Obligations.

Les Obligations *ne perdirent jamais 25 pour o/o;* leur plus forte perte fut 20 p.r o/o ; et ce cours, causé par la nouveauté de l'opération, par l'hésitation de la place, ne dura que deux ou trois jours. Les Obligations se relevèrent et atteignirent rapidement le pair ; elles s'y maintinrent presque jusqu'au moment où le Ministère des Finances changea de mains : est-il une preuve plus certaine que *les moyens affectés à leur rachat n'étaient pas trop faibles !*

Pour présenter cette opération sous son véritable jour, il fallait dire :

« Les Obligations dès leur émission obtinrent le cours
» de 80 p.r o/o, égal au cours le plus élevé des Rentes
» dans les momens du plus haut crédit, et cela à une
» époque où les Rentes se négociaient à 73 p.r o/o ; donc

Ces Obligations ont perdu jusqu'à 25 p.r o/o, indépendamment de l'*intérêt exorbitant* de 8 p.r o/o par an, qui y est attaché sous le titre d'indemnité ; 150 à 200 millions qui auraient dû se présenter sur la place dans un intervalle de dix-huit mois, que l'on considérait comme suffisant pour la liquidation, tandis que les ressources affectées à leur remboursement n'auraient toujours offert que de *trop faibles moyens* pour les rachats..... *(Pag. 5 et 6 du Rapport.)*

» les Obligations eurent constamment un crédit supé-
» rieur à celui des Rentes (1). »

Il fallait ajouter : « A mesure que l'émission des Obli-
» gations augmentait, leur cours et celui des Rentes se
» bonifiaient. Cette opération était donc combinée de
» manière à augmenter le Crédit public et les ressources
» du Trésor, au profit de tous les Créanciers de l'État ; et
» pendant sa courte durée, elle eut cet heureux résultat. »

Que sont des rapports mensongers et de sinistres présages auprès de ces faits constans ?

Rien assurément ne ressemble moins aux Assignats qu'un Effet à terme, portant intérêt à 8 p. o/o, et dont le remboursement en numéraire est garanti, au plus tard à l'échéance de trois années, et peut être anticipé par le rachat à la volonté du porteur. *Ces Obligations auraient iné- vitablement eu le sort des Assignats, dont la chute a bouleversé tant de fortunes, et dont le souvenir douloureux est si récent parmi nous. (Pag. 6 du Rapport.)*

Ce serait faire injure aux lecteurs que de s'arrêter à ré- futer cette vague assimilation, qui renferme encore plus d'inconséquence et d'irréflexion que de malveillance.

Il rêve le *discrédit* des Obligations, dont le cours fut toujours supérieur à celui des Rentes et à tous les Effets émis par l'ancienne administration. Tous ces raisonnemens reposent sur des craintes simulées et sur un discrédit imaginaire qui n'aurait jamais atteint les Obligations, si le court espace de temps pendant lequel l'Administration des Finances changea de mains, n'eût été employé à avilir les Obligations, à en dégrader le cours, à les flétrir d'une haine rancunière : néanmoins les Obligations ont toujours conservé un crédit supérieur à celui des Rentes. *A la vérité, les créanciers désabusés auraient eu la res- source de recourir à la conso- lidation autorisée par l'art. 29 de la Loi ; mais qui peut cal- culer quel eût été le contre- coup pour la dette publique elle- même, de ces consolidations précipitées, au milieu du dis- crédit effrayant d'un Effet émis par le Trésor ! (Pag. 6 du Rap- port.)*

Non sans doute, si l'émission des Obligations et leur circulation eussent dû être dirigées par un Ministre qui n'entendît ni le mécanisme ni le but de l'opération, et qui en méconnût le succès déjà assuré après un début de trois mois seulement. *La prudence permettrait-elle aujourd'hui de se confier à un système qui n'offre aucun espoir raisonnable de succès ! .... (Pag. 6 du Rapport.)*

Furent-ils compromis ces intérêts par un paiement en Valeurs qui long-temps se négocièrent au pair, et tou- jours à un cours plus élevé que les Rentes ! Nous verrons *Lorsqu'il s'agit d'intérêts qu'il n'est jamais permis de compro- mettre..... (Pag. 6 du Rapport.)*

____

(1) « Il est impossible que leur cours puisse être au-dessous de celui des 5 pour o/o consolidés.... » (Opinion d'un Créancier de l'État, *page 28*, 2.e édition, août 1814.)

bientôt comment le nouveau Budget protégeait les mêmes intérêts.

La liquidation fut plus rapide en 1814 qu'elle ne pouvait l'être en 1815, d'après le Budget proposé. Il est inévitable que la liquidation des dettes de l'État soit dirigée par les Ministres : il en fut ainsi de tout temps. Le Ministre du deuxième trimestre 1815 a la mémoire bien courte ; il est devenu tout-à-coup bien scrupuleux. Qui ne se rappelle les lenteurs interminables, les injustices multipliées des conseils de liquidation, ordinairement couronnées par une déchéance subite ? Le Ministre se serait-il corrigé de ces douces habitudes, et le nouveau Budget promet-il plus d'activité dans la liquidation, plus de libéralité dans les paiemens ?

Qui exigerait que la marche des liquidations fût calculée sur la quantité d'Obligations que l'on pourrait successivement émettre sans jeter trop d'épouvante, et qui soumettrait ainsi le paiement de créances reconnues et immédiatement exigibles, aux convenances particulières du débiteur ! *(Pag. 6 du Rapport.)*

Il demande pour une année un Crédit en Rentes de 150 millions.

En trois mois, le Ministre des Finances de 1814 avait émis 36 millions d'Obligations, émission proportionnelle à un crédit annuel de 150 millions ; il avait en outre, pendant les mois précédens, et concurremment, fait des paiemens considérables en numéraire, en sorte qu'en onze mois il n'avait pas payé moins de 168 millions sur l'Arriéré, comme nous l'avons établi plus haut. (*Pages 12 et 13.*)

Que veut-on donc dire avec des lenteurs calculées ! Mit-on jamais plus d'activité, plus de largesse, dans le paiement d'un Arriéré ! Et si quelques Créanciers éprouvèrent des retards, n'est-il pas évident qu'il ne faut les attribuer ni au Ministre des Finances de 1814, ni à son plan, mais aux délais inévitables d'une liquidation qui exige des justifications détaillées, et des examens rigoureux et attentifs !

Le paiement en Obligations exigeait une liquidation rapide et était préparé pour cela. Le peu de rapidité des liquidations, loin d'entrer dans les calculs du Ministre des Finances de 1814, ne pouvait que contrarier son plan ; car il aurait été sur-tout utile à son succès, que les Obligations eussent été émises promptement.

Le moment où sa réussite aurait été assurée, était précisément celui où toutes les Obligations, quel qu'en fût le montant, auraient été en circulation ; car, au moment où l'émission n'aurait pas pu s'accroître et où les moyens de rachat seraient restés les mêmes et auraient pu être augmentés, le cours des Obligations ne pouvait plus baisser, et devait monter graduellement au pair, pour y demeurer fixé jusqu'au rachat ou au remboursement.

Il est arrivé que l'émission des Obligations a été moins rapide que ne le desirait le Ministre (quoiqu'elle ait été de 12 millions par mois).

Les Obligations ont été promptement et facilement ramenées et maintenues au pair ; mais on ne pouvait les regarder comme y étant définitivement fixées : un pas rétrograde pouvait être à craindre, parce qu'on ignorait la quantité d'Obligations restant à émettre.

Ces Obligations *à venir* menaçaient sans cesse la place d'un poids inconnu, et que la pusillanimité ou la malveillance exagéraient à leur gré.

L'incertitude sur le montant et sur la progression de l'émission des Obligations *à venir*, agissait plus fortement que n'aurait fait leur présence, et ne pouvait être contre-balancée.

Le but d'un bon plan de Finances est d'inspirer la sécurité, de donner le certain à tous; pour y parvenir, il a besoin de certitude et de sécurité; il ne se compose ni d'illusions ni de mensonges; rien ne lui est plus contraire que le vague et l'incertitude.

Si toutes les Obligations eussent été émises, on en aurait connu le montant, on aurait pu en estimer exactement le poids et y opposer des moyens proportionnés.

Je développerai plus loin *(pages 43 et 44)* comment ces moyens auraient agi successivement; ils étaient préparés pour soutenir une émission beaucoup plus considérable : ils furent trouvés au Trésor le 20 mars.

Plus de 40 millions accumulés sont des témoins irrécusables des préparatifs faits pour assurer le succès de la conversion de la dette exigible en Obligations du Trésor; du peu d'intérêt que le Ministre des Finances de 1814 avait à retarder les liquidations; de son desir et de l'espérance où il était de voir l'émission des Obligations prendre bientôt un plus grand développement.

Les raisonnemens ci-contre, faits dans l'hypothèse gratuite d'un discrédit qui n'a jamais existé que dans l'imagination prévoyante du Ministre de 1815, tombent d'eux-mêmes.

Pour remédier à des malheurs imaginaires, le nouveau Budget les réalise.

Il crée à l'instant le discrédit pour empêcher qu'il n'arrive dans deux ans.

Ces prédictions étaient au moins incertaines : tous ceux qui auraient été payés et dont les Obligations auraient été rachetées pendant les deux années de crédit que l'on veut bien accorder au plan de 1814, auraient échappé au discrédit prophétisé après ce laps de temps, tandis que le funeste Budget de juin 1815 a réalisé à l'instant, pour tous les Créanciers, les plus déplorables résultats du discrédit.

Tels furent les effets immédiats des moyens de salut proposés, disoit-on, pour sauver les Créanciers de l'État, des dangers d'un Effet public négocié au pair et d'un discrédit éloigné, incertain, imaginaire. On prétend y remédier

On ne peut d'ailleurs se dissimuler que le résultat certain et prévu même par l'article 29 de la Loi, de l'opération qu'elle a consacrée, était une consolidation *volontaire en apparence*, de la part des créanciers, *mais forcée en effet*, en raison du *discrédit* inévitable des Obligations qu'ils auraient reçues........

(Page 6 du Rapport.)

Le Budget de juin 1815 a créé le discrédit.

et mériter leur reconnaissance, en les forçant à recevoir valeur nominale, un Effet public perdant près de moitié ; ce ne sera, nous dit-on gravement, que ....

       Quelle franchise !

       Quel honneur !

Le but que l'on voulait atteindre en 1814 était de payer intégralement, en valeurs au *pair*, soit Obligations, soit Rentes.

Le but que l'on atteint en juin 1815 en diffère quelque peu, puisqu'en dernier résultat il consiste à contraindre le créancier de se contenter de recevoir moitié au plus de sa créance (1).

Revenir, *avec la franchise qui honore le Gouvernement comme les particuliers, au but que l'on avait voulu atteindre,* que de les admettre à consolider immédiatement ces créances........

(Page 6 du Rapport.)

Je ne me suis fastidieusement traîné sur les pauvretés accumulées dans ce Compte de Finances de juin 1815, que parce qu'il est devenu le réceptacle des misérables objections élevées dès l'origine contre le système de Finances de 1814 et répétées avec complaisance jusque dans les Chambres. J'y ai répondu par des calculs, des faits et des raisonnemens : j'en vais offrir un court résumé. Voici quels furent et quels devaient être les résultats des deux Budgets comparés l'un à l'autre :

Résultats comparés des deux Budgets.

RÉSULTATS du Budget de 1814.	*RÉSULTATS du Budget de 1815.*
PAIEMENT DE L'ARRIÉRÉ EN OBLIGATIONS.	PAIEMENT FORCÉ DE L'ARRIÉRÉ EN RENTES.
Exagération de 134 millions ou un dixième ; promesse et garantie du paiement intégral, quel qu'en fût le montant.	Dissimulation et réduction arbitraires de l'Arriéré de 225 millions, près de moitié ; incertitude sur le paiement.
	Suspension presque totale du paiement de l'Arriéré.
168 millions payés en onze mois, les trois quarts en numéraire, et 36 millions payés en Obligations en trois mois.	Promesse de 150 millions valeur nominale, soit valeur réelle de 80 millions au plus en un an.
Paiement facultatif en Obligations ou en Rentes.	Paiement forcé en Rentes.
Garantie du remboursement des Obligations dans trois ans, avec 8 p. o/o d'intérêts, ou rachat immédiat.	Fonds d'amortissement insignifiant, impuissant, illusoire.
Remboursement intégral en valeurs presque au pair.	Remboursement en Rentes à 55 p. o/o.

____

(1) *Voir* l'Opinion d'un Créancier de l'État, *pages 23 et 24,* 2.e édition : *De la liquidation et du paiement de l'Arriéré;* et pages 25 et suiv., *De l'émission et du rachat des Obligations.*

Perte de 1/2 p.ᵉ o/o.	Perte de 45 p.ᵉ o/o pour les Créanciers.
Satisfaction complète pour les Créanciers et confiance entière.	Malheurs , ruine pour les Créanciers, regrets, plaintes, &c.
Crédit élevé et toujours croissant, facilité, abondance pour le Trésor.	Discrédit, difficultés et misère pour le Trésor.

Il est maintenant facile d'apprécier les deux Budgets et de choisir entre eux. Sous lequel des deux inscrirons-nous ces mots !

Franchise............ ou ceux-ci :...	Dissimulation.
Bonne foi.................	..... Mauvaise foi.
Fidélité.................	...... Banqueroute.
Crédit.................	.... Discrédit.
Honneur.................	..... Honte.
Prospérité , &c. &c.........	...... Ruine, misère, malheurs, &c. &c.
Et ces aimables mots du Nain Jaune, du 15 juin................. Auquel des deux Budgets conviennent-ils !	...... Incommensurable amas d'abus et d'inepties.... Système d'escroquerie (1).

On tentera d'attribuer aux circonstances, aux événemens, des résultats aussi différens. Déjà l'on nous disait dans l'Exposé et dans le Rapport sur les Finances, « que la » Caisse d'Amortissement *se trouverait en mesure d'atténuer ou de balancer même l'effet* » *que l'accroissement successif de la dette perpétuelle, par la liquidation de l'Arriéré,* » *pourrait opérer momentanément sur le cours* (page 7), tandis qu'on nous assurait que » *le crédit momentané obtenu par les Obligations n'aurait pas résisté à l'accroissement de* » *leur émission ; qu'avant deux ans elles auraient eu le sort des Assignats ; qu'elles auraient* » *causé un discrédit effrayant* (page 6), *la ruine du Crédit public, et le renversement* » *de beaucoup de fortunes particulières* (page 9). »

Au succès présent, incontestable du plan de 1814, on oppose un avenir douteux que l'on prédit devoir être funeste.

---

(1) *EXTRAIT du Nain Jaune du 15 Juin 1815.*

« Le Rapport de M. Carnot a sur-tout fait connaître l'*incommensurable amas d'abus et d'inepties* sous lequel » l'ancien Gouvernement s'était lui-même enseveli. L'assemblée et les tribunes ont entendu avec indignation » les détails dans lesquels le Ministre était obligé d'entrer sur l'abandon de nos places-fortes et de notre artillerie, » fait par M. le Comte d'Artois, *et sur le système d'escroquerie dont le Ministre des Finances de LOUIS XVIII faisait* » *profession.* »

La plupart des autres journaux firent des réflexions pareilles, qui leur étaient dictées par l'administration d'alors. Ces critiques équitables et de bon ton se sont réfugiées dans les journaux anglais, qui fourmillent d'injures grossières contre le Ministère français. Ceux qui se souviennent des unes et qui liront les autres, apprécieront la modération de mes critiques sur le Budget de Juin 1815.

F

Aux tristes résultats du plan de juin 1815, on oppose les espérances incertaines d'un meilleur avenir.

Cette méthode est connue, c'est celle de tous les charlatans politiques : leurs remèdes causent, dès les premiers instans, des convulsions affreuses, des douleurs atroces, et, à les entendre, le malade allait être guéri au moment juste où il aurait péri, si un événement imprévu ne l'eût arraché de leurs mains.

Leur Ministre des Finances, dominé par ce système, a promis, depuis l'an 9, aux Créanciers de l'État leur salut immanquable dans quelques années, et chaque révolution financière a été une nouvelle époque de banqueroute.

Ces promesses rassurantes, ces présages sinistres, sont fondés, d'une part, sur l'efficacité prétendue des moyens d'Amortissement compris dans le plan de juin 1815 ; de l'autre, sur l'insuffisance des moyens compris dans le plan de 1814. Comparons les projets d'Amortissement compris dans les deux plans ; approfondissons les deux systèmes opposés ; examinons s'ils ne renferment pas en eux-mêmes, indépendamment des événemens, tous les germes, tous les principes des bons ou des mauvais résultats qu'ils ont produits, et qu'ils devaient produire encore avec plus ou moins d'intensité suivant les circonstances qui pouvaient atténuer, mais non annihiler leur influence.

PLAN DE FINANCES ET D'AMORTISSEMENT DE 1814.

Le Ministre des Finances de 1814 avait différé l'organisation de l'Amortissement de la dette perpétuelle, pour réserver, disait-il, tous ses moyens extraordinaires pour le rachat et le paiement de la dette exigible.

Il convertissait la dette exigible d'abord en Obligations portant 8 pour o/o d'intérêt ; il devait, au choix des porteurs,

Soit les rembourser définitivement en numéraire à leur échéance dans trois ans ;

Soit les racheter au cours de la place, à la volonté des porteurs ;

Soit les échanger, sur leur demande, contre des Inscriptions de Rentes sur le Grand-livre.

Il avait affecté à ce remboursement

Le produit de la vente des Biens communaux (80 millions),

Le produit de la vente des trois cent mille hectares de Bois (au moins 200 millions),

Et l'excédant éventuel des recettes sur les Budgets de 1815 et années suivantes.

On a fait un reproche au plan de Finances de 1814 de ne pas comprendre des moyens d'Amortissement pour la Dette perpétuelle 5 pour o/o consolidés, de tout réserver, de tout consacrer à la Dette exigible. On n'a pas voulu voir ce que les principes du Crédit indiquaient, ce que l'événement a prouvé, que *le plus sûr moyen d'élever le cours des 5 pour o/o consolidés, et d'accomplir ainsi l'objet d'un fonds d'Amortissement, était de se hâter de porter la Dette exigible au pair.* S'occupe-t-on d'embellissement, quand la maison est en ruine !

Le Ministre des Finances de 1814 s'étoit assuré, en trois ou quatre ans, un fonds de 300 millions au moins et qui pouvait s'élever bien au-delà. S'il eût employé ce fonds au paiement de l'Arriéré en numéraire, il n'aurait remboursé qu'une somme égale ; mais, convertissant l'Arriéré en Obligations et employant ses fonds numéraire à soutenir au pair les Obligations, il parvenait à émettre des Obligations et à payer des Créanciers pour une somme double ou triple de celle qu'il rachetait, et qu'il dépensait effectivement en numéraire.

Il pouvait parvenir avec une somme de deux à trois cent millions à satisfaire, au moins provisoirement, au paiement d'un Arriéré de 600 millions (1).

Par le Rachat, il remplissait *le véritable objet d'un fonds d'Amortissement, le but nécessaire de tout bon plan de Finances : ramener et maintenir la Dette publique au pair*

---

(1) Ce résultat immanquable est fondé sur ce principe, que, dans tous les temps, il est préférable, pour le Trésor public et pour les Créanciers de l'État, que les paiemens du Trésor soient effectués en Effets, et le numéraire réservé pour le remboursement des Effets émis ; ou, en d'autres termes, que *le Crédit est préférable à tous les autres instrumens des paiemens.*

en remboursant la quantité variable et inconnue de cette dette qui l'empêche de se soutenir au pair (1).

Déjà l'événement avait justifié ce calcul; car, dès le début de l'opération, il avait, en trois mois, été émis 36 millions d'Obligations; il n'en avait été racheté que 20 millions, l'émission augmentait chaque jour, et elles étaient au pair.

Il aurait fallu, il est vrai, à l'échéance, pourvoir au remboursement de celles des Obligations qui n'auraient pas été rachetées; mais, tandis que les Obligations avaient atteint le pair, les Rentes 5 pour o/o consolidés avaient dépassé 80 fr.; car *le Crédit public s'étend sur le capital de tous les Effets publics dans la proportion des intérêts qu'ils produisent* (2).

Conversion des Obligations à 8 p.^r o/o en Rentes 6 pour o/o au pair.

Dès que les Rentes 5 pour o/o auraient été à 83 fr. 33 cent., des Rentes à 6 pour o/o auraient été au pair, c'est-à-dire à 100 francs.

Par conséquent, lorsque les Rentes 5 pour o/o auraient été au-dessus du cours de 83 fr. 33 cent., il serait devenu facile, soit d'emprunter sans perte sur des Rentes à 6 pour o/o, soit de les substituer aux Obligations, du consentement des Créanciers.

Ils n'auraient eu aucun motif pour se refuser à recevoir en paiement ou en échange des Rentes au pair, ou à subir la réduction à 6 pour o/o des intérêts des Obligations.

Ils n'auraient pu s'y refuser; car on leur aurait en même temps offert leur remboursement avec le produit de l'emprunt fait sur les 6 pour o/o.

Ainsi l'intérêt de 8 pour o/o, qui n'était qu'une véritable indemnité du discrédit alors existant et un levier puissant pour élever promptement la Dette exigible au pair (2), n'aurait plus eu d'objet, et aurait été justement réduit dès que les Effets publics à 6 pour o/o auraient été au pair.

Que l'on ne croie pas que cette émission de Rentes à 6 pour o/o en eût fait baisser le cours : *la baisse et le discrédit sont l'effet inévitable de toute émission clandestine ou forcée; mais toute émission publique et volontaire n'a que d'heureux effets sur le cours et sur le crédit.*

D'ailleurs le produit entier des Biens communaux et des Bois mis en vente devenant applicable au Rachat et à l'Amortissement des Inscriptions au Grand-livre à 6 pour o/o, aurait élevé et soutenu leur cours au pair aussi facilement et aussi promptement que celui des Obligations.

---

(1) *Le Rachat* est de tous les moyens de remboursement de la Dette de l'État celui qui doit être préféré, parce qu'en remboursant toujours le Créancier qui est le plus pressé de recevoir, et qui cède volontairement sa créance au plus bas prix, il produit toujours le meilleur effet; *il agit plus puissamment pour remettre la Dette au pair au profit de l'État et des autres Créanciers, &c.* Voir l'Opinion d'un Créancier de l'État, *pag. 29, 30 et suivantes*, deuxième édition : *De l'Emission et du Rachat des Obligations.*

(2) Ce principe rend un Effet à 8 pour o/o plus facile à maintenir au pair et par conséquent préférable quand le Crédit est faible.

Le moment serait bientôt arrivé où les 5 pour o/o eussent, par l'emploi des mêmes moyens, atteint le pair et eussent été substitués aux 6 pour o/o pour le paiement de l'Arriéré.

Tel devait être et tel aurait été infailliblement l'effet de l'exécution du plan de Finances de 1814 : la puissance de ce fonds de 300 millions, *affecté au Rachat des Obligations, c'est-à-dire, à l'Amortissement de la Dette exigible*, aurait été telle, que la moitié au plus peut-être aurait suffi pour porter cette dette au pair dans sa conversion successive et volontaire en Obligations à 8 pour o/o, en Rentes à 6 pour o/o, et définitivement à 5 p.^r o/o consolidés ; le surplus de ces ressources aurait suffi pour fonder un fonds d'Amortissement invariable, destiné à maintenir constamment les 5 pour o/o au pair.

C'est ainsi que la Dette arriérée aurait, pour la plus grande partie, été convertie en Rentes, et que, comme le dit le Ministre des Finances du 2.e trimestre 1815, *page 6*,

« *On ne peut se dissimuler que le résultat certain et prévu même par l'article 29 de* » *la Loi, de l'opération qu'elle a consacrée, était une Consolidation volontaire en apparence,* » *de la part des Créanciers, mais forcée en effet, à raison du* discrédit........

Il n'y a dans cette phrase qu'une erreur typographique de trois lettres qu'il faut retrancher : au lieu de *à raison du* discrédit, lisez *à raison du* CRÉDIT *inévitable des Obligations qu'ils auraient reçues.*

Cette phrase, ainsi corrigée, explique parfaitement le but et le résultat de l'exécution de la Loi du 23 septembre, et du plan de Finances de 1814.

Oui, les Créanciers eussent été *forcés* à la Consolidation, c'est-à-dire, au remboursement en Rentes 5 pour o/o consolidés de leurs créances : *ils y eussent été forcés par le Crédit public* croissant constamment, et qui aurait successivement porté au pair des Effets publics à 8, à 7, à 6 et à 5, et bientôt peut-être à 4 pour o/o ; mais aucun créancier n'eût eu à se plaindre de cette *Consolidation forcée par son seul intérêt, et dès-lors toujours volontaire.* Aucun créancier n'aurait été lésé, n'aurait éprouvé de perte, n'aurait pu crier à l'injustice, à la banqueroute (1).

Conversion
des
Rentes 6 pour o/o
en Rentes
5 pour o/o au pair.

Conversion
des
Rentes 5 pour o/o
en Rentes
4 pour o/o au pair.

---

(1) « Les Obligations du Trésor royal ne me paraissent qu'une mesure provisoire, un moyen transitoire » de parvenir avec honneur, sans dommage pour les Créanciers, et librement de leur part, au but vers » lequel les Administrateurs inexpérimentés se seraient précipités à travers la honte et les malheurs insépa- » rables d'une banqueroute.... ....

» Les vues qui précèdent sont, j'en conviens, hasardées, et elles anticipent............... (Extrait » de l'Opinion d'un Créancier de l'État, *page 24*, deuxième édition, août 1814.)

» Que les Créanciers de l'État, que ceux mêmes qui blâment cet intérêt de 8 p.^r o/o, détournent leurs » yeux du moment présent et des désordres qui ont précédé ; qu'ils calculent l'impulsion donnée au Crédit » public par les mesures proposées, et qu'ils attendent. » (*Ibid, page 40.*)

Emprunt à venir à 4 pour cent. Peut-être même, après être devenus un moyen juste et avantageux de remboursement de l'Arriéré, les 5 pour o/o et même les 4 pour o/o *CONSOLIDÉS non pas seulement de nom*, mais *CONSOLIDÉS réellement par un Crédit public stable*, fussent devenus un instrument utile et commode pour le service public, un moyen de soulagement pour *les Contribuables auxquels on serait parvenu à ne demander que les intérêts et le fonds d'Amortissement des dépenses publiques, au lieu d'en détruire entre leurs mains, de leur en arracher le capital.*

Conversion de la totalité de la Dette en 4 pour o/o. Peut-être la totalité de la Dette 5 pour o/o eût-elle pu être bientôt appelée au remboursement ou à la conversion volontaire en 4 pour o/o, avec une économie du cinquième de la dépense annuelle, qui eût soulagé les Contribuables et fortifié le fonds d'Amortissement.

Résumé du plan de Finances de 1814. Ainsi le plan de Finances de 1814 attaquant une Dette exigible énorme, inconnue, descendue au dernier degré de discrédit, et une Dette consolidée, bien connue, modérée, mais avilie et perdant près de moitié, avait en quelques mois ramené la Dette exigible au pair, relevé le cours de la Dette consolidée, préparé les moyens de conduire l'une et l'autre dette, par une marche progressive, rapide, déjà commencée, jusques à leur conversion en fonds consolidés à 4 pour o/o, en maintenant constamment leur cours au pair, avec un avantage certain et considérable pour le Trésor et pour les Contribuables, sans dommage pour les Créanciers, librement de leur part, et à leur pleine et entière satisfaction.

Voilà le but, voilà quel fut, quel eût été peut-être en moins de deux années le résultat complet d'un plan fondé sur les vrais principes de la fidélité et du crédit, solidement appuyé sur des moyens étendus, sur un véritable fonds d'Amortissement de 3 à 400 millions, et qui aurait été fidèlement exécuté.

Mais où m'égaré-je! Quels vœux, quels rêves de bien public m'entraînent! Quel moment je prends pour les exprimer, et combien le plan de Finances et d'Amortissement de juin 1815 nous a rejetés loin de leur réalisation! Mesurons cet intervalle immense.

PLAN DE FINANCES ET D'AMORTISSEMENT DE JUIN 1815
ET DE L'AN 9 À 1814.

Le plan de Finances de juin 1815 ne vient que d'être publié ; mais on peut dire avec vérité qu'il était connu, et que l'exécution en était commencée depuis long-temps.

Le Ministre qui le propose n'est pas dans l'administration un homme nouveau, et son projet n'a rien de neuf.

Le plan qu'il substitue à celui de 1814, ne diffère que par quelques variantes de celui suivi pendant un Ministère de quatorze années et demie, qui ne s'est recommandé ni par la fidélité envers les Créanciers de l'État, ni par le Crédit public.

Le Projet de Loi proposé n'est qu'une nouvelle édition de la Loi du 30 ventôse an IX, et que la répétition quelquefois textuelle des dispositions de cette Loi et de toutes les Lois de Finances rendues depuis chaque année.

Dans le premier moment du nouveau Ministère, on espéra que la Loi du 23 septembre et le plan de Finances de 1814 seraient exécutés, et le Crédit se soutint pendant quelques jours ; mais à peine fut-il connu que le Ministre des Finances du deuxième trimestre 1815 reprenait l'exécution de ses plans de Finances de 1813 et années antérieures jusques et compris l'an IX et l'an VIII, que la baisse rapide et prodigieuse des Effets publics donna la mesure de la défiance qu'un pareil plan inspirait, et des regrets que laissait le renversement du plan de Finances de 1814.

Que l'on ne s'y méprenne pas ; cette baisse ne fut pas l'effet des événemens seuls : bien au contraire, tant que les événemens laissèrent croire au maintien du plan de 1814 (1), et dès qu'ils laissèrent entrevoir l'espérance du retour à ce plan (2), ils maintinrent et ne tardèrent pas à relever le cours des Effets et à arrêter la baisse excessive qu'aurait causée le nouveau plan de Finances, si l'on avait pu croire à son exécution et à sa durée.

Si la nouvelle durée de ce plan est jugée trop courte pour que l'on croie ne pas devoir lui attribuer les résultats qu'il a produits, nous pouvons nous reporter à sa première édition en ventôse an IX, en suivre l'exécution constante, et le juger par ses effets prolongés pendant treize années.

Nous pouvons remonter aux vrais principes du Crédit public et de l'Administration des Finances, juger ce plan en lui-même indépendamment des événemens au milieu desquels il a été reproduit.

Cette méthode nous fera découvrir les véritables causes des effets si différens que

Le plan de juin 1815 est le même que celui de l'an 9 à 1814.

Premiers effets de ce plan.

---

(1) Le cours était à 74 francs le 20 mars.

Il était encore à 69 francs le 3 avril, et à 64 francs 50 centimes le 13 avril, veille du Décret qui régla la conversion en Rentes des Obligations du Trésor. Le lendemain de ce Décret, le cours tomba à 58 francs 50 centimes, et douze jours après il était descendu à 55 francs.

(2) Dès le 5 juillet le cours était remonté à 69 francs. Depuis il s'est maintenu au-dessus de 60 francs, et semble n'attendre que la certitude de l'exécution du plan de 1814 pour s'élever et s'affermir.

les deux plans de Finances, celui de 1814 et celui de 1815, ont produits et devaient produire infailliblement.

Moyens et Amortissement de ce plan.

Le plan de Finances et d'Amortissement de juin 1815, développé *pages 7, 8, 9, 37, 38, 39, 40, 41 et 42* du Rapport, consiste à dissimuler le montant réel de l'Arriéré, à le payer en Rentes 5 pour o/o consolidés données *forcément* pour leur valeur nominale, quel que soit le cours, et à contre-balancer l'augmentation de la Dette inscrite par un fonds d'Amortissement composé d'un revenu annuel et fixe de cinq millions et du montant de la réduction progressive des rentes viagères. L'objet annoncé de cet Amortissement est de réduire la Dette perpétuelle à 50 millions de Rentes, en vingt années.

Ils sont les mêmes que ceux de la Loi du 30 ventôse an IX.

Les mêmes dispositions et souvent les mêmes expressions se retrouvent dans la Loi du 30 ventôse an 9. Si je remonte jusqu'à cette Loi pour juger le plan de juin 1815, c'est parce que la première Loi de Finances complète, présentée par un Ministre, indique son système et développe ses plans. Pour connaître le système et les plans du Ministre des Finances de 1814, quelle que puisse être la durée de son administration, il faudra, à toute époque, se reporter à la Loi du 23 septembre 1814, comme, pour bien juger ceux du Ministre du deuxième trimestre 1815, qui fut aussi le Ministre de l'an 8 à 1814, il faut remonter à sa première Loi de Finances, celle du 30 ventôse an IX, et en suivre l'exécution.

Il ne peut récuser cette manière de le juger : elle lui laisse le temps de développer et d'affermir son système, de lui faire subir la double épreuve de la bonne et de la mauvaise fortune ; elle est d'autant plus sûre, qu'il ne s'est jamais écarté de son premier plan (1) ; enfin elle est toute au désavantage du plan de 1814, qui n'a eu que quelques mois d'existence.

Le Ministre du deuxième trimestre 1815 ne pourra se plaindre, si, en opérant ainsi, nous reconnaissons que son plan et ses moyens d'exécution ont consisté pendant ses quatorze premières années, comme pendant son dernier trimestre, à dissimuler la véritable situation des dettes, à feindre, à promettre trop et ne rien tenir ; à parler tous les ans d'amortissement, de fidélité, de justice ; à ne respecter aucun fonds d'Amortissement, n'exécuter aucune promesse, violer tous les contrats, méconnaître tous les droits des Créanciers de l'État, faire banqueroute sur banqueroute en annonçant chaque année que ce serait la dernière. Espérons que cette promesse sera pour la première fois accomplie en 1815 (2).

---

(1) Ce Ministre nous disait en juillet 1814 « .... *Le système de Finances fondé en l'an 8 et qui* » *subsiste encore tout entier*......... (Observations et éclaircissemens, *page 34.*)

Et dans ses Notes en réponse à l'opinion d'un Créancier de l'État : « .... *Le système de Finances* » *fondé en l'an 8, et auquel je ne vois pas que l'on se dispose à rien changer* (Il ne voyait guère clair), *était celui* » *qui convenait à la France et* .... *pouvait, si les circonstances n'eussent changé, la conduire à une prospérité* » *durable*...... *On peut dire ces choses-là parce qu'elles sont vraies*..... (Page 7.)

C'est précisément ce que je vais examiner.

(2) L'Administration des Finances de l'an IX à 1814 fut, comme toutes les autres parties de ce Gouvernement, remarquable par le plus étrange et le plus constant abus des mots.

Cette administration créa une *CAISSE D'AMORTISSEMENT qui n'a rien amorti* et qui n'a eu d'autre but

Le premier anneau de cette chaîne non interrompue d'infidélités et de banqueroutes, fut donc la Loi du 30 ventôse an 9 (1).

Le Rapport et le Discours qui précédèrent cette Loi évaluaient l'Arriéré antérieur à 90 millions, et il fut accordé, pour y satisfaire, un crédit de 2,700,000 fr. de Rentes (art. 1.er)

Cette évaluation et ce crédit n'égalaient pas le sixième de la dette certaine. En effet, quoique le Conseil de liquidation ait détruit, par ses injustices journalières et par la déchéance finale, cinq ou six cents millions de créances légitimes, il n'a pu se refuser à en liquider et à en reconnaître près de 300 millions qui ont été inscrites.

Par les soins de ce Conseil de liquidation, deux classes furent faites des Créanciers de l'État.

Les Créanciers que le hasard ou une bienveillance coûteuse rangea dans la classe la moins malheureuse, après avoir subi les lenteurs d'une liquidation prolongée pendant plusieurs années et d'injustes réductions, reçurent à peine le quart, le tiers ou la moitié au plus de leurs créances en valeurs dépréciées.

Quant aux malheureux jetés dans la seconde classe, après une longue et vaine attente, ils furent, par une déchéance subite, irrévocable, prononcée sans examen et à leur insu (2), dépouillés de tous leurs droits, et privés à jamais de tout espoir de recouvrer la moindre partie des créances les plus légitimes.

Les Créanciers de 1814 et de 1813, en voyant le Projet de Loi de juin 1815 débuter à leur égard, comme la Loi du 30 ventôse an 9, par un paiement forcé en Rentes, par une évaluation atténuée, par la dissimulation de plus de la moitié de la dette, n'ont-ils pas eu de trop justes sujets de redouter le triste sort des Créanciers de

Loi du 30 ventôse an 9 comparée au plan de 1814 et du 2.e trimestre 1815.

Évaluation, liquidation et paiement de l'Arriéré en l'an 9.

En juin 1815.

---

et d'autres résultats que d'avilir le cours de la Dette, en émettant forcément, illégalement et clandestinement des Rentes éteintes ou de nouvelle création.

D'après la destination qu'elle a remplie, elle aurait dû être appelée *Caisse de Désamortissement*.

Chaque fois que, dans un Compte de Finances, il était question de *Crédit*, on pouvait être assuré qu'il s'agissait d'une mesure propre à produire le *discrédit*. Le Crédit public n'a jamais été invoqué pendant ces quatorze années que pour être outragé et attaqué.

Deux mots dont cette Administration a le plus étrangement abusé, sont ceux de *liquidation* et d'*économie*. L'économie avait été transportée de la dépense au paiement. Je m'explique : aucune mesure n'était prise pour que les dépenses *fussent ordonnées et faites avec économie*, pour que la valeur des objets achetés et des travaux exécutés n'excédassent pas les fixations des Budgets; mais lorsqu'il s'agissait du paiement des dépenses ordonnées et effectuées, on se souvenait tardivement de l'*économie* et des fixations des Budgets; on livrait les créanciers à d'interminables *liquidations*; on réduisait les créances légitimes; on en refusait le paiement, parce qu'elles excédaient les fixations des Budgets, et on appelait cela agir avec *économie*. La *liquidation* et l'*économie* étaient devenues, pour les Créanciers de l'État, synonymes d'*injustice* et de *banqueroute*. (Voir l'Opinion d'un Créancier de l'État, *pages 10 et 11, 2.e édition*.)

(1) Je néglige les Lois de l'an 8, qui ne furent que provisoires et vinrent se fondre dans la loi du 30 ventôse an 9.

(2) Le Décret du 25 février 1808, qui prononça cette déchéance, n'a pas été inséré au Bulletin des lois; il a été donné ordre de le tenir secret. Il fut relaté et confirmé publiquement, pour la première fois, par la Loi du 15 janvier 1810.

G

En 1814, l'an 9 , une lenteur calculée, des réductions arbitraires et une déchéance imprévue.

Le plan de 1 8 1 4 ne pouvait inspirer aux Créanciers de l'État aucune de ces craintes; il était, jusque dans le défaut qu'on peut lui reprocher, calculé pour inspirer la sécurité (1).

Amortissement de la Dette publique affecté sur les extinctions des Rentes viagères

Une première Loi du 6 frimaire an 8 (art. 5) avait affecté à l'Amortissement de la Dette perpétuelle, une somme égale aux arrérages des Rentes viagères et Pensions qui viendraient à s'éteindre à partir du 1.er germinal an 8.

Cette disposition, renouvelée par la Loi du 15 juillet 1811 (art. 14), si elle eût été exécutée, aurait procuré à la Caisse d'Amortissement, en quatorze ans, une somme immense, qui, fidèlement employée à l'Amortissement, aurait en peu de temps rétabli la Dette publique au pair.

Laissé sans exécution.

La Caisse d'Amortissement n'a reçu sur ces extinctions que 2,800,000 fr., et l'exécution de ces Lois a été abandonnée.

Renouvelé en juin 1815.

Le projet de Loi de juin 1815 (art. 5) affecte de nouveau les extinctions de la dette viagère à l'Amortissement de la Dette perpétuelle.

Pouvait-on avoir confiance dans l'exécution d'une affectation renouvelée pour la troisième fois, et déjà deux fois négligée, violée ou abrogée!

Autres fonds et revenus affectés à l'Amortisement en l'an 9.

La Loi du 30 ventôse an 9 avait créé un fonds d'Amortissement composé (art. 12),

1.° D'un revenu en domaines qui n'a jamais été versé à la Caisse d'Amortissement;

2.° D'un capital de 70 millions à prendre sur la vente des domaines : cette somme fut convertie, par la Loi du 20 floréal an 10 (art. 10), en un revenu annuel de 10 millions à verser par l'Administration des Postes, puis reporté par plusieurs Décrets et par la Loi du 24 avril 1806, sur des domaines nationaux à vendre, qui furent délégués à la Caisse d'Amortissement, et dont la plupart lui échappèrent;

3.° D'un capital égal à celui des Rentes qui auraient été inscrites. Ce capital ne fut jamais versé.

Un fonds d'Amortissement annoncé dans des proportions aussi gigantesques ne fut réalisé en aucun point; s'il l'eût été seulement pendant deux ou trois ans, les Rentes auraient été ramenées au pair et portées au-delà.

Exécution commencée.

Le seul commencement d'exécution que reçurent ces promesses exagérées et trompeuses, fut la réalisation, mais incertaine, mais lente, de 33 millions environ versés à la Caisse d'Amortissement en treize années, et employés momentanément en achats de Rentes, qui furent prises, reprises, converties en domaines, achetées, vendues et revendues, de telle manière qu'il ne reste à la Caisse d'Amortissement aucune parcelle des Rentes qu'elle avait rachetées et qu'elle devait éteindre.

Ses résultats ont été détruits.

Cette prétendue Caisse d'Amortissement, malgré des assurances renouvelées chaque année, n'a jamais servi ni à amortir la dette publique, ni à en soutenir le

---

(1) C'est *pour inspirer la sécurité aux Créanciers* qu'il faut se garder d'atténuer les évaluations de la dette, et que *l'exagération est préférable et presque nécessaire.*

cours au pair; elle n'a eu depuis l'an 9., dans l'intention de son fondateur, d'autre destination, et elle n'a, en dernier résultat, eu d'autre effet que d'émettre des Rentes, sans aucun égard pour leur cours, et souvent à un prix inférieur à celui auquel elle les avait reçues ou achetées. (*Voir page 55, note 3.*)

Le Projet de Loi de juin 1815 renouvelait les promesses d'Amortissement annuellement renouvelées depuis l'an 9; auraient-elles été mieux garanties, plus fidèlement accomplies!

Ce projet affectait à l'Amortissement un revenu de 5 millions à prendre sur les bois des princes et sur ceux des émigrés, réunis au domaine de l'État (art. 5 et 6) (1).

Pouvait-on inspirer la confiance, en livrant à la Caisse d'Amortissement, établissement consacré à la foi publique, les fruits de la violence et de l'injustice : *le Crédit public ne s'allie pas avec la rapine.*

Lors même que l'on aurait pu croire que ce revenu annuel de cinq millions serait fidèlement versé à la Caisse d'Amortissement, ce fonds d'Amortissement était insuffisant pour ramener au pair une Dette de 63 millions de Rente, soit douze cent soixante millions de capital, au moment sur-tout où l'on avait jeté cette Dette dans un discrédit extrême, en l'augmentant par l'agglomération forcée d'une Dette exigible avouée pour 251 millions, et au moins double.

Ce fonds d'Amortissement de cinq millions devait, il est vrai, s'accroître par la progression des extinctions des Rentes viagères ; mais cette progression est lente, incertaine et inconnue, toutes qualités opposées à celles que doit avoir un fonds d'*Amortissement qui exige certitude et évidence.*

La progression de ce fonds d'Amortissement était d'ailleurs si malheureusement combinée, qu'elle se trouvait en raison directement opposée à ce qu'aurait demandé le succès de l'opération.

Au moment où le discrédit était grand, où la Dette allait être augmentée par la consolidation forcée, le fonds d'Amortissement proposé était faible et impuissant : à une Dette perpétuelle et exigible de dix-huit cents millions, descendue à 55 p. o/o, on opposait un fonds d'Amortissement de cinq millions. Ce fonds ne devait croître que de cinq à six cents mille francs par an.

Pouvait-on espérer quelque résultat favorable d'aussi faibles moyens d'Amortissement, dont la puissance aurait été atténuée par le souvenir des infidélités précédentes!

N'était-ce pas une dérision d'entendre le Ministre des Finances de 1815, qui avait conçu et proposé un pareil plan d'Amortissement, accuser d'impuissance et d'imprévoyance celui du Ministre de 1814, dont nous avons indiqué la force, et dont nous avons vu les résultats rapides et surprenans (*pages 43, 44, 45 et 46*).

Renouvelés
en juin 1815.

Insuffisance
de ce fonds
d'Amortissement.

---

(1) Les bois désignés obscurément dans ces articles par les termes *bois de seconde origine*, sont ceux des princes et des émigrés, qui avaient été rendus par la Loi du 5 décembre 1814 à leurs légitimes propriétaires et ressaisis par un Décret du 13 mars.

G 2

EMPRUNT FAIT EN MAI ET JUIN 1815, COMPARÉ À CELUI FAIT EN 1814.

J'AI opposé aux promesses d'Amortissement du plan de juin 1815, l'inexécution des promesses faites en l'an 9 : mais, me dira-t-on, sachez que vous parlez à un Administrateur corrigé de ses anciennes habitudes, avouant qu'il a eu des torts, qu'il a pu faire des fautes, et proclamant hautement qu'il allait les réparer. Déjà là Dette publique avait été garantie par un article formel de l'Acte additionnel, et on avait promis de dire aux deux Chambres la vérité toute entière sur notre situation financière.

Je sais qu'on l'avait promis ; mais il me semble que, dans un court espace de trois mois et demi, on avait fait tout le contraire. N'ai-je pas démontré que près de la moitié de l'Arriéré avait été dissimulée ; qu'en garantissant la Dette publique par une vaine phrase, on en avait avili le cours par une émission forcée, par des injustices et des banqueroutes répétées ! Les actes démentaient donc déjà les promesses. Quelle confiance pouvait-il rester pour les années à venir ! Mais n'avait-t-on pas fait pis encore, n'avait-t-on pas déjà violé toutes les promesses d'Amortissement, au moment où on les proférait ! N'avait-t-on pas justement mérité des reproches bien plus graves que ceux que l'on prodiguait à tort au Ministre des Finances de 1814.

L'art. 7 du projet de Loi de juin 1815 portait : *La Caisse d'Amortissement continuera à jouir de l'intérêt des Rentes qu'elle aura acquises, et appliquera le produit de ces intérêts à de nouveaux rachats.* (*pages 44 et 47*).

Cette disposition, première règle de l'Amortissement, avait été textuellement exprimée dans la Loi du 15 juillet 1811 (article 14). Comment a-t-elle été exécutée pendant quatorze années ! Comment depuis trois mois !

Il existait, suivant le Compte de Finances de 1814, 3,600,000 fr. de Rentes appartenant à la Caisse d'Amortissement ; l'Ordonnance royale du 16 juillet dernier nous a appris que, du 16 mai au 8 juillet 1815, ces Rentes ont été vendues sur la place, au cours de 50 fr. Voilà encore une violation formelle récente, et de toutes les Lois antérieures sur l'Amortissement et des promesses que faisait le Projet de Loi.

A l'instant même où cette promesse était solennellement renouvelée, où on proposait de lui donner la sanction itérative de la Loi, une opération occulte la rendait illusoire. Il n'est pas besoin de s'arrêter à démontrer combien la vente des Rentes de la Caisse d'Amortissement est contraire à l'Amortissement, au crédit, à la foi publique, à toutes les règles d'administration et de morale, même en promettant de remplacer ces Rentes par un revenu à prendre sur des domaines. C'est à la Commission nommée par l'Ordonnance du 16 juillet à juger, sous ce rapport, la spoliation des Rentes de la Caisse d'Amortissement : je ne préjugerai pas sa décision, et il ne m'appartient pas de m'ériger en juge ; mais une opération illégale et immorale peut être plus ou moins désastreuse en Finances ; j'ai le droit, comme tout Créancier de l'État, d'examiner les résultats matériels et pécuniaires de cette opération, de la soumettre au calcul. Je ne l'examinerai que sous ces rapports.

Toute émission d'Effets publics n'est qu'un emprunt déguisé. Voyons quelles étaient les conditions de cet emprunt, et comparons-le avec l'emprunt à 8 p.ᵣ o/o reproché au plan de Finances de 1814.

Le Décret du 16 mai dernier, qui dépouillait la Caisse d'Amortissement, ordonnait que ses Rentes seraient vendues à une Compagnie, au cours de 50 francs pour 100 francs.

La Compagnie, en versant au Trésor 50 fr., obtenait 5 fr. de Rentes ; l'emprunt ; n'eût-il eu pour le Prêteur apparent que ce seul avantage, était donc fait à 10 p.ᵣ o/o d'intérêt.

Les Obligations du Trésor du plan de Finances de 1814 ne portaient que 8 p.ᵣ o/o d'intérêt. L'emprunt de 1814 était donc moins coûteux que celui du deuxième trimestre 1815, en ne l'envisageant que sous ce seul rapport.

Mais les Rentes vendues 50 fr. se négociaient à la Bourse le 16 mai, date du Décret, 59 fr. ; elles s'élevèrent, par l'effet des événemens politiques, jusqu'à 69 fr., et ne furent pas au-dessous de 55 fr. (1) pendant la durée de la négociation.

Au cours de 55 fr., le moindre bénéfice de la Compagnie était de 5 fr. sur 50 fr., soit de 10 p.ᵣ o/o.

Au cours de 69 fr., ce bénéfice s'élevait jusqu'à 38 p.ᵣ o/o.

Cet excessif bénéfice ne fut le prix d'aucune avance de fonds qui, en aidant le Trésor, soulageât la place, mais seulement le droit de courtage de la Compagnie, qui engageant ou vendant à la Bourse les Rentes qu'on lui livrait, y recueillait d'une main l'argent qu'elle versait de l'autre au Trésor, en prélevant un énorme profit.

Le bénéfice de la Compagnie, qui fut de 10 à 38 p.ᵣ o/o, n'est pas la juste mesure du prix que cet emprunt déguisé coûta aux Finances.

Le Trésor recevant 50 fr. en numéraire donnait 100 fr. de capital dans les 5 p.ᵣ o/o consolidés.

Un bon système d'Amortissement devant tôt ou tard et probablement devant prochainement ramener les 5 p.ᵣ o/o au pair, le Trésor du Roi remboursera 100 fr. pour chaque somme de 50 fr. qui a été versée au Trésor de Bonaparte.

Cet emprunt fut donc fait au taux de cent pour-cent.

Le Ministre des Finances de 1814 donnait 100 fr. pour 100 fr. et jamais plus, et en attendant le remboursement il payait 8 p.ᵣ o/o d'intérêt.

Le Ministre des Finances du deuxième trimestre 1815, destructeur empressé,

---

(1) Il y eut, pendant quelques heures, des cours de 52 à 55 francs, mais on pense bien que la Compagnie ne vendit rien à ce cours d'un instant.

(54)

détracteur acharné de ce plan, a fait bien mieux; il a, dans sa courte administration, donné 100 fr. pour 50 fr.; il a consenti à payer 10 p.' o/o d'intérêt jusqu'au remboursement double de la somme qu'il a reçue, et il a abandonné au moins 10 et jusqu'à 38 p.' o/o de courtage à la Compagnie qui est venue suggérer cette économique opération, s'interposer entre les particuliers qui prêtaient leurs capitaux et le Trésor qui empruntait, pour tromper l'un et l'autre, pour obtenir sans frais, sans risques, sans avances, un bénéfice immense qu'elle se partage maintenant dans l'ombre où elle s'est réfugiée, à l'abri de toute poursuite, où elle se rit de la crédulité qu'elle a trompée et dépouillée, du scandale public, des pertes et des malheurs que cette désastreuse opération a causés et causera pendant long-temps encore (1).

Après avoir outragé, anathématisé le Crédit public pendant quatorze années d'administration, il a fallu y recourir, il a fallu mendier ses secours et les payer bien plus chèrement que ce Ministre de 1814, inhabile et imprévoyant, qui vantait le Crédit public et lui obéissait. On n'a pas osé, en mai et juin 1815, aborder franchement le Crédit, emprunter ouvertement sur la place à des conditions publiques, à un intérêt réglé constitutionnellement; il a fallu se cacher, s'envelopper de ténèbres, se glisser par des voies obscures et détournées, employer des intermédiaires, des déguisemens pour arriver jusqu'à la bourse des capitalistes; pour leur soutirer quelques sommes, il a fallu les induire en erreur, parce qu'on n'a pas su, en les abordant ouvertement et avec franchise, leur inspirer confiance; en un mot, pour obtenir quelques fonds à un prix exorbitant, il a fallu tromper.

On a vendu comme des Rentes appartenantes à des particuliers, les Rentes de la Caisse d'Amortissement; comme des Rentes existantes, les rentes éteintes par la Loi, et l'on s'est cru habile, lorsque l'on n'était que perfide (2).

---

(1) En calculant les ventes jour par jour, au cours de la place, le bénéfice serait de cinq millions; mais la Compagnie aura saisi pour vendre les plus hauts cours, en sorte que le bénéfice doit avoir été plus considérable. Si, comme tout porte à le croire, la Compagnie a pu réaliser au cours moyen de 60 francs, son bénéfice a été de 7 millions sur 35 millions (20 pour o/o): on ne peut justifier ce bénéfice exorbitant, en prétendant que le marché ayant été conclu à forfait, si le cours eût baissé au-dessous de 50 francs la Compagnie eût toujours fourni ce prix. Cette Compagnie n'avait donné aucune garantie, aucun cautionnement, *n'avait signé aucun traité;* elle était restée invisible et insaisissable, afin de pouvoir abandonner son marché s'il lui fût devenu onéreux. Si telles n'étaient pas ses intentions, ses précautions étaient parfaitement bien prises pour pouvoir en agir ainsi; on en jugera par un fait: un des membres de cette Compagnie doit à l'Administration de l'enregistrement, depuis six ans, 36,000 francs, dont, malgré les poursuites les plus opiniâtres et plusieurs jugemens, il a été impossible d'obtenir le paiement; ses meubles même ne lui appartiennent pas.

Il ne peut y avoir qu'un seul moyen d'excuse pour ceux qui ont participé à cette opération: l'Ordre souverain et tyrannique qui l'a commandé, qui a réglé les conditions et choisi les agens, malgré les remontrances et les refus des administrateurs.

(2) Je dois à la vérité de faire remarquer que si les rentiers et les spéculateurs ont été trompés par la vente des Rentes de la Caisse d'Amortissement, c'est entièrement leur faute: ils n'ont pas été pris en traître. Le Ministre des Finances du deuxième trimestre 1815 avait professé en juillet 1814 une doctrine telle que la

Vainement voudrait-on faire servir les circonstances d'excuse à la forme comme au fond de cette opération ; il faut remonter plus haut : c'est parce que l'on avait pris dès l'an 9 une fausse route, que l'on s'est égaré de plus en plus ; c'est parce que l'on avait trompé en l'an 9 et depuis, qu'il a fallu tromper en juin 1815. Une fois engagé dans un cercle vicieux d'erreurs et de perfidies, l'Administrateur est irrésistiblement entraîné à faire fautes sur fautes ; il devient le jouet des événemens et la dupe des agioteurs, qui, dans cette lutte honteuse et inégale d'adresse et de fourberies, le surpassent sans cesse, et font tourner à leur profit particulier toutes ses fautes et les malheurs publics et particuliers qui en découlent (1).

Cette opération funeste pèse maintenant sur les propriétaires de Rentes.

En effet, le peu qui avait été fait pour l'Amortissement de la dette publique est en- Dangers et pertes
tièrement détruit ; les Rentes que la Caisse d'Amortissement avait acquises, terme pour les Rentiers.
moyen, plus de 76 fr., ont été vendues 50 francs (2), et le fonds flottant des Rentes est augmenté sur la place de 3,500,000 francs.

Cette augmentation n'a pu avoir lieu qu'au préjudice des anciens propriétaires de Rentes ; car *tant que les fonds publics ne sont pas au pair, toute nouvelle émission tend à avilir davantage le cours, et n'est dès-lors qu'un impôt déguisé mis sur tous les pro-*

---

vente des Rentes de la Caisse d'Amortissement était la conséquence naturelle de son retour au Ministère. Je rappelle ses expressions véritablement prophétiques de cette désastreuse opération.

» Nous avons été depuis quinze ans engagés dans des guerres continuelles ; l'action de la Caisse d'amortisse- » ment a donc été nécessairement suspendue,..... Le Gouvernement *a eu le droit d'exiger* de cet établissement » *un genre de service* qu'il était éminemment propre à rendre, celui de mettre le Trésor à portée *d'employer à* » *ses affaires des valeurs considérables en domaines et autres objets* qui ne pouvaient se réaliser qu'avec le temps..... » *(Observations et éclaircissemens, pag. 35. Juillet 1814.)* »

Il peut donc nous dire : Je ne vous ai pas trompé ; j'ai vendu, il est vrai, les Rentes de la Caisse d'Amortissement, mais je vous l'avais bien promis ; et d'ailleurs je lui ai donné des bois en échange ; c'est tout comme si j'avais vendu les bois...... Je laisse au lecteur à apprécier cette justification.

On ne poussera pas sans doute l'assurance jusqu'à nous dire comme l'année dernière : ..... *Sous le rapport même de l'amortissement de la Dette, la Caisse d'Amortissement n'a pas été entièrement inutile.......* *(Observations et éclaircissemens, pag. 35. Juillet 1814).* Voir aussi sur cette discussion importante les *pag. 10, 11 et 12* des notes en réponse à l'Opinion d'un Créancier de l'État, et cette opinion, *pages 15 et 49. 2.ᵉ édition. Août 1814.

(1) Tirons pour l'avenir quelques leçons de cette opération déplorable ; elle fournit de nouvelles preuves à ces axiomes de l'économie politique appliqués à l'Administration des Finances,

Qu'un Gouvernement ne peut se passer de crédit ; qu'il n'a que le choix du prix auquel il le paie ;

Qu'il n'a ni le droit ni le pouvoir de fixer ce prix ;

Que ce prix s'élève d'autant plus, qu'il prétend par la violence le fixer plus bas ;

Que ce prix baisse d'autant plus, qu'il accorde des conditions plus favorables et plus de liberté à ses créanciers, &c.

(2) La Caisse d'Amortissement possédait le 31 décembre 1812, suivant le Compte des Finances de 1812 (page 159), 4,504,701 francs de Rentes, lesquelles, au prix d'acquisition, représentaient, dans son actif, une somme de 68,953,095 francs, ce qui porte le prix moyen d'acquisition à 76 francs 50 centimes pour 5 fr. de rentes. Les 3,500,000 fr. de rentes à 76 fr. 50 cent. avaient coûté 53,500,000 fr. à la Caisse d'amortissement ; elles ont été vendues à 50 fr., pour la somme de 35,000,000. Il y a eu une perte sèche et irréparable de 18,500,000 fr. pour la Caisse d'amortissement.

priétaires de Rentes, lequel agit en réduisant proportionnellement la valeur de leurs capitaux du montant de la valeur des nouvelles Rentes émises, et même dans une proportion plus forte. (Voir pages 68 et 69.)

Cependant, malgré l'émission subite de 3,500,000 francs de Rentes en six semaines, le cours s'est amélioré. On en peut assigner deux causes : la première, les événemens politiques, qui en ramenant le Roi ont rétabli la confiance et la sécurité pour l'avenir ; et la seconde, le manége même de la Compagnie.

Ayant acheté la Rente à un prix fixe, son intérêt a été de ménager le cours jusqu'à ce qu'elle eût réalisé ses bénéfices, et qu'elle fût, comme on dit, *sortie de la Rente*. Le secret, le soin de soutenir la Rente au comptant, en vendant à terme, et plusieurs autres manœuvres de cette espèce, ont pu pendant quelque temps tromper le public et faire illusion ; mais l'effet de ces moyens ne pouvant être que de courte durée, a préparé une réaction funeste que nous aurions ressentie plus vivement qu'en aucune autre circonstance, si les événemens politiques ne fussent venus au secours de l'opération.

On peut affirmer que cette opération a empêché et empêchera long-temps la Rente de s'élever au cours auquel le retour de la confiance devait la porter ; et qu'en ce sens elle a réellement enlevé aux propriétaires de Rentes les 35 millions versés au Trésor en mai et juin derniers ; c'est un impôt, un emprunt forcé fait aux Rentiers ; c'est une anticipation dont le remboursement final retombera à la charge du Gouvernement actuel pour une somme double de celle empruntée.

Pertes
pour
les Créanciers
de l'État.

Combien les reproches que l'on peut faire à cette opération s'aggravent, lorsqu'elle concourt avec une émission forcée de Rentes en paiement des créances arriérées ! Quoi, peuvent dire les Créanciers de l'État, méconnaissant nos droits, violant les promesses qui nous avaient été faites, vous nous forcez de recevoir au pair des Rentes dépréciées ; et au même instant vous augmentez cette dépréciation, vous accroissez nos pertes, vous consommez notre ruine, *par une émission clandestine de Rentes livrées à moitié du prix pour lequel vous nous forcez de les recevoir* ; vous détruisez le fonds d'Amortissement, notre unique voie de salut, vous achetez chèrement à nos dépens une somme d'argent pour la distribuer à quelques-uns d'entre nous étrangement favorisés. Peut-on pousser plus loin l'injustice ! peut-on employer plus de soin à assurer la ruine des Créanciers et des Rentiers de l'État, à leur enlever tout espoir même pour l'avenir le plus éloigné ! Car quelles promesses d'amortissement accomplirez-vous, quel fonds d'Amortissement respecterez vous jamais ! N'ajoutez-vous pas l'ironie à l'injustice, n'insultez-vous pas aux malheureux que vous dépouillez, lorsque *page 37* de votre Compte, dans le chapitre VI intitulé *de la Caisse d'Amortissement*, vous dites hardiment contre toute vérité :

« La Caisse d'Amortissement était devenue, sous le dernier Gouvernement, un » simple bureau du Trésor........

» Cette institution doit être ramenée aujourd'hui à sa véritable fonction, celle

» d'opérer l'Amortissement de la dette perpétuelle. Une Loi du 15 juillet 1811 avait
» mis à sa disposition un revenu suffisant pour l'extinction, en quinze années, de
» 8 millions d'intérêt annuel, dont il avait été jugé convenable que la Dette perpétuelle
» fût successivement diminuée (1). Cette opération était en cours d'exécution depuis
» deux ans, lorsque *le dernier Gouvernement a jugé à propos de l'interrompre.* »

Le dernier Gouvernement, celui de 1814, n'a pas à se reprocher d'avoir interrompu
une opération qui n'a pas été commencée; car, d'après les Comptes de Finances de
1812, 1813 et 1814, publiés par le Ministre des Finances du deuxième trimestre
1815, aucune somme n'a été versée à la Caisse d'Amortissement, ni employée en rachat
de Rentes en exécution de la Loi du 15 juillet 1811. Aussi complètement que celles des
Lois qui l'avaient précédé, ses promesses sont restées vaines et ses dispositions nulles.

Le Ministre des Finances de 1814 a dû regarder comme non avenues des Lois qui
n'avaient jamais été exécutées par ceux qui les avaient faites; mais les faits prouvent
et j'ai démontré que le système qu'il a adopté était bien plus favorable aux Créanciers et
aux Rentiers de l'État, que le système précédent.

N'avait-il rien fait pour améliorer le sort des Rentiers de l'État, le Ministre qui, en
peu de mois, avait élevé le cours de la Dette exigible au pair, et porté la Rente perpétuelle de 45 fr. à plus de 80 fr. Cette amélioration, extraordinaire sur-tout par
sa rapidité, avait été opérée au moyen du fonds considérable d'Amortissement affecté
au rachat de la Dette exigible et à prendre sur les ventes de Bois et de Biens communaux.

Il est fort singulier de voir l'écrivain anonyme qui, en 1814, prétendait que le
Ministre se réservait une latitude immense pour agir sur la Dette, lui reprocher,
contre l'évidence, redevenu Ministre en juin 1815, d'être resté sans moyens suffisans
pour soutenir son plan.

Il fallait, en 1814, empêcher l'admission et la réussite d'un système qui faisait
la condamnation du système antérieur; il fallait, en juin 1815, calomnier un plan
qui avait réussi et que l'on voulait abandonner : rien donc de plus conséquent que
cette contradiction apparente.

---

(1) *L'objet et l'effet d'un fonds d'Amortissement ne sont pas de rembourser la Dette publique, ni de la réduire à une
somme fixe, mais de la maintenir au pair en l'élevant ou l'abaissant au niveau juste que peut soutenir et qu'exige
l'abondance ou la rareté des capitaux disponibles qui recherchent leur placement dans les fonds publics, suivant le degré
de confiance que le Gouvernement sait inspirer, et suivant le degré de richesse de l'État emprunteur et des pays voisins.*

*Le fonds d'Amortissement, quand on sait en diriger le jeu, devient, pour me servir d'une comparaison
parfaitement exacte, tantôt un déversoir par lequel le trop plein s'écoule volontairement dans les temps de
pénurie, tantôt un canal qui amène, par une pente insensible, des eaux surabondantes, pour tenir toujours
rempli le réservoir de la dette publique, dont la capacité s'étend en même temps que l'aisance générale
s'accroit.*

*Cette comparaison explique le phénomène que présente l'Angleterre empruntant chaque année, sans
nuire à son crédit, plus que son fonds d'Amortissement ne rachète; ce qui prouve qu'elle est dans un état
croissant de prospérité, et démontre l'ineptie de toutes les prédictions qui, depuis quinze ans, annoncent sa
banqueroute. Il faudrait commencer à craindre sa banqueroute, si elle était réduite à cesser d'emprunter, ou
à emprunter moins que son fonds d'Amortissement ne rachète.*

H

EFFETS SUR LE COURS DE LA RENTE DU PLAN DE FINANCES de l'an IX à 1814, et de celui de 1814.

Effet sur le cours
de la Rente.

DES assertions mensongères, des raisonnémens erronés, ne prévalent pas sur les faits ; et nous avons un nouveau moyen simple et infaillible de juger les deux systèmes contraires en étudiant leurs effets sur le cours de la Rente.

Du
plan de Finances
de l'an 9.

Peu de jours avant la Loi du 30 ventôse an 9, lorsque le plan du Ministère était encore inconnu, lorsqu'on se flattait du retour de la justice et de la bonne foi dans l'Administration des Finances, un crédit hâtif, produit par l'espérance, avait porté le cours de la Rente jusqu'à 68 fr. (le 24 pluviôse an 9).

Dès que le projet de la Loi du 30 ventôse an 9 fut connu ; dès que les discours du Ministre des Finances et des Orateurs du Gouvernement eurent proclamé les principes d'infidélité qu'adoptait l'Administration ; dès que les efforts de quelques Orateurs du Tribunat furent devenus impuissans, le cours de la Rente retomba subitement à 50 fr. et descendit bientôt après à 40 fr. (1) ; et pendant les six années qui suivirent, il se traîna entre ce taux et celui de 60 fr., qu'il n'atteignit et ne dépassa que rarement et accidentellement.

Ce ne fut qu'en 1806 que le cours de la Rente s'éleva et se maintint au-dessus de 60 fr., et en 1807 qu'il dépassa 80 fr. Ce cours élevé fut dû aux sommes considérables que les contributions étrangères versèrent dans les caisses françaises, et aussi aux principes de fidélité et de crédit qui, au commencement de 1806, furent introduits au Trésor par un Ministre éclairé et habile (2), mais que le système contraire consacré par la législation et par toutes les mesures qui émanaient du Ministère des Finances, réduisait sans cesse à lutter en secret contre l'injustice et l'infidélité, à modifier dans l'exécution les dispositions les plus funestes, et à ne suivre les règles du crédit que furtivement et à la dérobée.

Le Ministre de l'an 9 et années suivantes n'obtint donc ce cours de 80 fr., pour une dette bien plus faible, qu'après six années de prospérité et de succès prodigieux, lorsque la France, brillante de gloire et de force, embrassait de vastes et riches provinces, puisait dans les pays voisins des subsides considérables, et alors seulement que les conseils de la fidélité et les efforts du crédit vinrent secrètement prendre part à l'Administration des Finances.

Du
plan de Finances
de 1814.

Le Ministre des Finances de 1814, partant presque du même point (3), mais

---

(1) Le cours de la Rente était, le 17 thermidor an 9, à 39 francs 75 centimes.

(2) M. le comte Mollien fut nommé Ministre du Trésor, le 27 janvier 1806. Le cours de la Rente était à 62 francs.

(3) Le cours de la Rente était, le 19 janvier 1814, à 46 francs, et le 29 mars 1814 à 45 francs.

proclamant hautement un système de fidélité et de crédit, avait atteint le même résultat en quelques mois (1) d'administration, avec une dette double dont le tiers était exigible, après les revers les plus désastreux, l'envahissement, l'appauvrissement, l'affaiblissement de la France (2).

De pareils rapprochemens (3) doivent suffire pour convaincre les plus incrédules, pour éclairer les plus ignorans sur les effets salutaires de la fidélité et du crédit dans l'Administration des Finances, sur la supériorité de cette doctrine, sur celle de l'injustice, de la banqueroute et de la Consolidation forcée de la Dette arriérée. Pour ne rien laisser à desirer sur les élémens et la démonstration de cette doctrine, posons-en les règles, et examinons les conséquences nécessaires de ses principes en opposition avec les conséquences également inévitables des principes opposés.

---

(1) Cinq mois après, le 30 août 1814, le cours avait été reporté à 78 francs, et le 3 mars 1815 à 82 francs.

(2) Je répète que le cours de la Rente était, le 24 pluviôse an 9, un mois avant la Loi du 30 ventôse an 9, à 68 francs : depuis cette Loi, le cours ne fit que descendre ; le 17 thermidor an 9, quatre mois après, il était à 39^f 75^c. Il s'écoula six années avant de voir reparaître un cours de 68 francs ; le premier cours de 68 francs fut le 30 juillet 1806. Ces faits incontestables prouvent combien, en l'an 9, il eût été facile de rétablir le crédit, puisqu'il ne fallait que conserver ce que l'espérance avait déjà produit. La Loi du 30 ventôse an 9 vint détruire toute confiance et ruiner tout Crédit, et il est démontré qu'au système alors adopté doit être attribué le long et constant discrédit qui s'ensuivit.

En 1814 au contraire, nous avons vu le 29 mars, le cours de la Rente à 45 francs ; cinq mois après, le 30 août, il était déjà reporté à 78 francs, et avant une année, le 3 mars 1815, il avait été élevé à 82 francs.

(3) *Voir* les Variations du cours de la Rente pendant le deuxième trimestre 1815, *pag*. 47.

De juin 1815.

DE LA CONSOLIDATION FORCÉE OU PAIEMENT EN RENTES DES CRÉANCES ARRIÉRÉES.

Banqueroutes
ordinaires
avant
la révolution.

IL est pour un État plusieurs manières de faire banqueroute. Avant la révolution, la banqueroute frappait rarement sur les fournisseurs, mais fréquemment sur les Effets publics à terme ou à rente perpétuelle ; on ne connaissait que les degrés de banqueroute ci-après :

Ajourner les créances exigibles ;

Réduire les contrats d'un dixième, du cinquième, du quart, de la moitié. . . . ;

Les annuller.

Chaque Contrôleur général des Finances se croyait et était estimé d'autant plus habile, selon qu'il faisait subir, *par un bon édit bien injuste*, une plus forte réduction à la Dette de l'État. Le très-petit nombre de Contrôleurs généraux qui furent persuadés que *les Gouvernemens bien plus véritablement que comme les particuliers ne s'honorent et ne s'enrichissent qu'en payant leurs dettes*, ignorèrent la seconde partie de la science du Crédit public ; ils ne connurent pas les sources intarissables où un État peut puiser éternellement pour subvenir à toutes ses dépenses, sans aggraver les impôts, en augmentant ses richesses, ses forces et celles de sa matière imposable : s'ils firent des emprunts, ils furent mal combinés, destructifs et ruineux. Les embarras des Finances s'accrurent et contribuèrent à produire la révolution.

Banqueroutes
révolutionnaires.

La révolution, en confiant le gouvernement de l'État, d'abord à de grands talens inexpérimentés, et bientôt après aux hommes les plus inhabiles et les plus ignorans en administration, pris la plupart dans les derniers rangs de la société, nous ramenait à grands pas vers la barbarie et vers la dissolution de la société, nous entraînait rapidement dans cette course rétrograde, avec toute l'énergie des fureurs populaires, à travers la longue série d'erreurs, de fautes, de crimes que parcourent les gouvernemens et les sociétés, dans leur marche si lente vers les progrès de la civilisation perfectionnée.

Dans l'administration des Finances plus que dans aucune autre partie de l'administration, les Gouvernemens révolutionnaires adoptèrent pour règles toutes les absurdités et pour moyens d'exécution tous les crimes.

Ne rien payer, annuller les créances, n'eût été qu'un jeu pour des hommes dont la terreur et la mort étaient les seuls moyens d'administration : la mise en jugement et la condamnation des Créanciers de l'État devinrent leur réglement de compte, et l'échafaud leur paiement.

Origine
des Consolidations
forcées
ou des paiemens
en Rentes.

Lorsque les fureurs révolutionnaires se calmèrent et tendirent à se régulariser, elles enfantèrent les annullations et les réductions de créances, lesquelles se déguisèrent, par pudeur, en liquidations et Consolidations forcées d'Arriéré. Voilà la noble origine du système consacré par la Loi du 30 ventôse an 9, et constamment exécuté depuis.

Le seul point sur lequel les Gouvernans, les Ministres, les Conseillers d'état, les Tribuns, les Députés, les Sénateurs, les écrivains, les orateurs qui depuis la révolution se sont occupés de régir les Finances de la France, aient été d'un avis presque unanime, c'est l'utilité, l'avantage, la nécessité de la Consolidation forcée de la Dette arriérée.

A toutes les époques d'embarras dans les Finances, nos Gouvernans, nos Administrateurs sont venus présenter, nos Représentans se sont empressés d'appliquer cette prétendue panacée à toutes les plaies du Crédit et du Trésor, à tous les maux des Finances. Les Contribuables ont reçu avec reconnaissance et comme un bienfait cette disposition chaque fois qu'elle a été renouvelée. Les orateurs et les écrivains ont joint à ce concert de volontés et de satisfaction, le concert de leurs applaudissemens et de leurs prédictions sur le retour assuré de l'aisance dans le Trésor, sur la renaissance du Crédit.

Les Créanciers seuls de l'État se sont plaints et ont gémi sur l'erreur et sur la satisfaction communes dont ils devenaient les victimes ; mais on a insulté à leur ruine, attribué leurs plaintes à un sordide intérêt ; leur douleur est devenue un motif de plus de joie publique et d'éloge pour les habiles Administrateurs qui sacrifiaient ces sangsues au bien de l'État. On leur a inspiré par ces mépris et par ces injustices répétés le desir et le besoin de la vengeance ; à peine a-t on fait attention aux faibles réclamations d'un très-petit nombre d'hommes désintéressés et éclairés, et à leurs tristes pronostics (1).

Les effets cependant n'ont pas répondu à l'attente générale, et ont paru justifier les plaintes des Créanciers de l'État et servir leur vengeance.

Chaque fois que la Consolidation forcée de la Dette arriérée a été proposée et exécutée, un discrédit rapide et prolongé, une gêne extrême dans les Finances, en ont été le premier fruit et le plus évident résultat ; nous l'avons démontré en retraçant les effets, sur le cours de la Rente, de ces Consolidations ordonnées en l'an IX, continuées et renouvelées plusieurs fois depuis, et récemment proposées de nouveau en juin 1815.

Néanmoins, lorsqu'en 1814 un nouveau Ministre des Finances tenta de s'écarter de cette route battue, on vit se soulever une masse d'oppositions qui faillit renverser son plan et le rejeter dans l'ornière profonde de la Cconsolidation forcée de la Dette arriérée ; et il est vrai de dire que le plan de 1814 ne fut, par le plus grand

---

(1) *Voir* les discours et les écrits publiés en l'an 8, l'an 9 et l'an 10, par MM. *Mollien, Ch. Bailleul, Jolivet et Villot-Fréville*, les seuls à ma connaissance qui aient alors écrit contre la Consolidation forcée des arriérés.

nombre, admis qu'avec regret et par une espèce de condescendance et de confiance implicite.

Malgré l'heureuse expérience qui a été faite en 1814, il est plus que probable que les mêmes reproches se renouvelleront, que la Consolidation forcée sera demandée et opposée aux plans qui pourront être présentés.

Sa nature
et
ses effets
ne sont pas connus.

La Consolidation forcée admise sans examen, sans discussion, chaque fois qu'elle a été proposée, n'a jamais été controversée (1). Jusqu'à présent, on n'en a parlé que suivant le préjugé populaire ; ni ceux qui ont proposé cette mesure ou qui la regrettent, ni ceux qui l'ont ordonnée, appuyée, adoptée, exécutée, ne l'ont envisagée sous ses divers rapports, n'ont connu sa véritable nature, ni prévu ses effets inévitables. J'ai retracé ces effets d'après l'expérience ; il reste à en découvrir les principes, à en signaler les causes : je vais me livrer à ces recherches, à cette discussion, qui, après vingt-cinq ans de Consolidation forcée annuelle des Dettes arriérées, ont encore le mérite de la nouveauté.

Définition exacte
de
la Consolidation
forcée.

Cette Consolidation forcée est vulgairement appelée *un paiement en Inscriptions de Rentes ;*

Mais l'Inscription de Rentes *n'a pas d'échéance ;*

Mais l'Inscription *retient arbitrairement à l'intérêt de cinq pour cent,* des capitaux que le propriétaire redemande ;

Mais l'Inscription *ne peut être réalisée en numéraire que* par négociation sur la place *avec perte.*

Ce prétendu mode de paiement n'est donc,

Sous le premier rapport, qu'un *ajournement indéfini,* un *refus de paiement ;*

Sous le second rapport, qu'un *emprunt forcé ;*

Sous le troisième rapport, qu'un *impôt arbitraire et excessif.*

C'est ce qu'il me sera facile de prouver successivement. Je démontrerai en même temps qu'envisagée sous l'un ou l'autre de ces rapports, la Consolidation forcée de l'Arriéré est aussi funeste à l'État et aux Contribuables qu'aux Rentiers et aux Créanciers de l'État, aussi contraire à l'équité qu'à la raison, aussi injuste qu'absurde.

---

(1) *Voir* la discussion de la Loi du 20 mars 1813 ordonnant le paiement en Rentes des créances arriérées des années 1809, 1808, 1807, 1806, 14, 13, 12, 11 et 10, et la Loi adoptée le 27 juin 1815, ordonnant le paiement en Rentes des créances arriérées des années 1810, 1811, 1812, 1813 et du premier trimestre 1814.

Ces deux Lois furent rendues *nemine contradicente.* Voilà où en est la discussion sur la question de la Consolidation forcée des créances arriérées.

Lors de la Loi du 30 ventôse an 9, qui consolidait les créances de l'an 8 à 5 pour o/o et celles des années 7, 6 et 5, à 3 pour o/o, il fut élevé des discussions sur ce dernier taux d'intérêt, que quelques Tribuns proposèrent de porter à 5 pour o/o, en applaudissant à la mesure de la Consolidation forcée en elle-même ; il n'y eut d'opposition ouverte et éclairée contre cette mesure, que de la part de ceux que j'ai cités dans la note précédente, et qui furent à peine écoutés.

Cette Consolidation forcée n'est pas un paiement; c'est le contraire, puisque le Créancier porteur d'un titre échu et exigible, est forcé de l'échanger contre un contrat sans échéance, et dont le remboursement ne deviendra jamais exigible. Cette conversion de la Dette exigible, transformée en Dette perpétuelle, est donc un ajournement indéfini, un véritable refus de paiement.

Considérée comme un ajournement indéfini, cette Consolidation forcée est une violation manifeste du droit de propriété, une injustice.

Tout porteur de créance sur l'État a le droit d'être payé aux échéances des sommes qui lui sont dues, soit pour traitemens, soit pour fournitures ; il n'a rempli les fonctions, il n'a exécuté les travaux qui lui étaient confiés, il n'a fourni ses marchandises que sous la condition d'un paiement effectif à des époques fixées ; il a pris des engagemens, il a des besoins calculés sur ces époques : lorsqu'elles sont arrivées, le paiement ne peut être différé sans injustice. Plus l'échéance s'éloigne, plus l'obligation de payer acquiert de force, plus le besoin de recevoir devient urgent, plus le droit au paiement doit être sacré ; plus, par conséquent, l'injustice qui diffère ou refuse le paiement, augmente.

On objecte que la créance est arriérée. Cela veut dire seulement que les échéances convenues pour le paiement sont passées : fonder un refus ou un délai sur ce motif, c'est se faire un droit de son impuissance ou de son infidélité ; c'est dire : J'ai manqué une première fois à mes engagemens envers vous, donc vous ne pouvez plus rien exiger de moi ; je vous paierai quand et comme il me sera convenable.

Le raisonnement contraire n'est-il pas plus conséquent, et sur-tout plus équitable ! Vous êtes en retard dans les paiemens que vous m'aviez promis, donc j'ai droit à être payé le premier, et à obtenir des faveurs, ou au moins des indemnités. Un des principes fondamentaux du Crédit, quoiqu'un de ceux qui sont le plus constamment méconnus et violés, c'est que *les créances arriérées doivent être payées les premières* : dans l'impossibilité de tout payer, *les créances les plus anciennes doivent obtenir la préférence* ; si la nécessité force d'en différer le paiement, et détermine à leur assigner de nouvelles échéances, *une indemnité est due aux propriétaires, et elle doit être porté au taux suffisant pour maintenir ces créances au pair.*

Lors même que le taux nécessaire pour atteindre le pair serait de huit ou dix pour cent, l'accorder ce ne serait pas outrager la morale ; bien au contraire, ce serait réconcilier enfin l'Administration des Finances avec la saine morale ; car *toute doctrine qui n'est pas d'accord avec la bonne foi, la fidélité, la justice, ne peut être qu'une erreur, même et sur-tout en Finances* (1).

Ces principes servaient de base au plan de Finances de 1814. Ils parurent nouveaux, étranges, parce que depuis l'an 9 jusqu'à 1814, ils avaient été constamment

---

(1) *Voir* l'Opinion d'un Créancier de l'État, *pag. 34 et suiv.*, deuxième édition : *De la Fixation des intérêts.*

La consolidation forcée de l'Arriéré n'est pas un paiement.

Considérée comme ajournement indéfini, ou refus de paiement.

méconnus et outragés dans les Budgets. A peine rappelés dans l'Administration des Finances, et mis à exécution pendant quelques mois, ils en ont été chassés violemment et avec dédain.

Un Ministre des Finances qui consolide l'Arriéré, retient par force des capitaux qui ne lui avaient été prêtés que pour un court espace de temps ; il en fixe arbitrairement l'intérêt à cinq pour cent ; il *ne fait que se procurer par la violation du droit de propriété, des capitaux qu'il ne sait pas attirer par la confiance ; il fait un Emprunt forcé* dans son origine et dans ses conditions. Dans ce système, le Créancier de l'État, soit pour salaires, soit pour fournitures, est, sans son consentement, par le pouvoir magique de la Loi, transformé en Rentier, en Prêteur.

Le salarié de toute classe, créancier de l'État, n'avait engagé ses services personnels que pour en recevoir comptant, ou après quelques mois de délai, le modique salaire indispensable pour sa subsistance et pour celle de sa famille.

Le Ministre des Finances le choisit pour son prêteur : sans consulter ses besoins, il l'érige en capitaliste ; il décide que telle somme ne lui est pas nécessaire, qu'elle forme un superflu, un capital dont il suffira qu'il touche les intérêts à 5 p. o/o. Il faudra que ce salarié renonce au paiement de quelques cents francs, formant son unique ressource, qu'il attendait avec impatience, avec anxiété, pour distribuer du pain et des vêtemens à sa femme et à ses enfans ; il faudra qu'il réduise leur appétit, leurs besoins au vingtième. C'est parmi ces nécessiteux que ce système va chercher des prêteurs ; c'est à eux qu'il s'adresse pour réaliser un emprunt. Il veut composer avec des revenus destinés à la consommation journalière, *un emprunt qui ne peut jamais être rempli que par des capitaux libres.*

La Consolidation forcée de la Dette arriérée est donc, à l'égard des salariés créanciers de l'État, aussi contraire à la justice qu'à la raison.

Un emprunt forcé fait à des fournisseurs et à des entrepreneurs paraît d'abord mieux combiné, et il ne manque pas de raisonneurs superficiels qui proclament cette mesure comme une haute conception financière. Laissons de côté leurs raisonnemens pris à côté de la question, et examinons-la en elle-même.

La plupart des entrepreneurs et des fournisseurs ne sont pas propriétaires des capitaux qu'ils font mouvoir, et qu'ils prêtent pour un court espace de temps, sous la forme de travaux, de denrées ou de marchandises ; ils en doivent une grande partie à leurs ouvriers, à des fabricans, à des cultivateurs, à leurs préposés, à leurs agens, à des capitalistes ; ils ont pris envers leurs créanciers des engagemens à échéances fixes, qu'ils ne peuvent remplir qu'autant que l'État, leur débiteur, sera exact à tenir les siens.

Au lieu de leur assurer le remboursement de leur capital sur lequel ils comptaient, le Ministre des Finances les force à prêter éternellement ce capital, et ne leur accorde que l'intérêt arbitrairement fixé à 5 p. o/o.

Quoi de plus injuste et de plus absurde qu'une Loi qui force un homme à prêter au Gouvernement des capitaux qui ne lui appartiennent pas, à un intérêt moindre que celui qu'il paye, tandis qu'une autre Loi le force à rembourser les mêmes capitaux aux particuliers qui les lui ont prêtés!

En exerçant cette violence envers ses créanciers, le Ministre des Finances ne leur prête pas sa toute-puissance pour contraindre leurs propres créanciers à subir le même mode de libération. Le Gouvernement, la Loi, reculent ainsi devant leur propre injustice ; ils frappent sans ménagement sur les Créanciers directs de l'État, mais ils n'osent étendre ouvertement leurs violences sur les créanciers de leurs créanciers à l'infini.

La Consolidation forcée étendue aux créanciers des fournisseurs.

S'arrêter dans les conséquences rigoureuses de ce système, refuser de lui donner son complément, n'est-ce pas en avouer tacitement l'injustice et l'absurdité, et reconnaître les maux qu'il produit !

Cependant telle est la force irrésistible de ce faux système, qu'aucune restriction ne peut en atténuer les effets désastreux; il faut qu'ils aient leur cours inévitable : *le Créancier de l'État qui n'est pas payé, ne paye pas ses créanciers.*

Quand le système de Consolidation forcée frappe un salarié de l'État, sa famille et quelques misérables créanciers souffrent avec lui.

Quand ce système immole un fournisseur ou un entrepreneur, une multitude innombrable de cultivateurs, de négocians, de capitalistes, sont enveloppés dans sa ruine.

Quels torts le Gouvernement a-t-il à reprocher à ces citoyens utiles et estimables, autre que celui de s'être empressés de concourir à son service par l'attrait d'un bénéfice modéré et légitime ! Les conséquences du système de consolidation forcée ne sont-elles pas souverainement injustes à leur égard !

Lorsqu'ils sont capitalistes.

Lorsque le fournisseur ou l'entrepreneur est propriétaire de tous les capitaux qu'il a avancé au Gouvernement, ce qui est fort rare, la Consolidation forcée de sa créance conserve les inconvéniens ci-après.

Par la consolidation forcée, le Gouvernement condamne à l'inertie et frappe de stérilité les capitaux qui étaient consacrés à son service (plus loin nous verrons qu'il les détruit); il en paye l'intérêt, mais cet intérêt ne peut être employé ni suffire aux services auxquels le capital était affecté. *Transformer en rentiers les fournisseurs,* c'est leur enlever tout moyen de servir le Gouvernement; c'est les congédier, en même temps que leur sort doit empêcher tout capitaliste de venir les remplacer. *C'est donc désorganiser volontairement l'Administration.*

La Consolidation forcée, emprunt forcé fait par addition à une ancienne dette, cause nécessairement le discrédit.

Un emprunt forcé peut être nécessité par les circonstances, être un signe de détresse sans devenir une cause de discrédit; il peut quelquefois avoir un résultat favorable au crédit, s'il est combiné avec habileté et séparé de l'ancienne dette, et s'il a une forme distincte et nouvelle.

I

Tout emprunt forcé fait par addition à un emprunt antérieur et sous la forme des effets de cet emprunt, à l'inconvénient inévitable d'avilir le cours de l'ancienne dette à laquelle on l'ajoute, et d'augmenter le discrédit général : car on peut bien contraindre les salariés de l'État et les fournisseurs à devenir rentiers de l'État; mais *on ne peut forcer ni ces nouveaux Rentiers ni les anciens à conserver leurs Rentes,* si leurs besoins leur commandent ou si leur inquiétude leur conseille de les réaliser à tout prix : car *personne ne veut devenir créancier ou rentier de l'État;* chacun, au contraire, veut sortir de cette classe; personne ne veut acheter des Rentes; chacun s'empresse de vendre les siennes, *quand on les prodigue et qu'on les multiplie arbitrairement et sans mesure :* ces causes, réagissant l'une sur l'autre, augmentent sans cesse le discrédit.

La Consolidation forcée est un emprunt forcé fait par addition aux 5 p.^r o/o consolidés; elle doit nécessairement occasionner et elle a toujours causé le discrédit des 5 p.^r o/o consolidés : il est arrivé qu'au moment même où le Gouvernement donnait en paiement des Inscriptions à ses Créanciers, où il émettait ses propres Effets, c'est-à-dire, au moment où la justice et l'intérêt du service public auraient voulu que l'Inscription eût la plus grande valeur possible, on en diminuait le prix; on atténuait, sans alléger la charge de l'État, le produit de l'Effet public remis en paiement; résultat opposé à celui que demandait le succès même de l'opération, et par conséquent résultat de la plus haute absurdité, en même temps qu'il est aussi injuste envers les anciens qu'envers les nouveaux Rentiers de l'État.

Faire un emprunt forcé aux créanciers de l'État, faire cet emprunt au moyen d'une Consolidation obligée des créances arriérées, c'est choisir, de toutes les formes d'emprunt, celle qui a le plus d'inconvéniens et les plus graves en produisant le moins de résultats utiles.

On vante cependant l'habileté, l'économie, la moralité de cette mesure, qui procure, dit-on, au Gouvernement un emprunt à l'intérêt légal de 5 pour o/o, et le soustrait aux calculs de l'agiotage qui eût exigé un intérêt usuraire de 7 ou 8 pour o/o.

Je nie que l'emprunt forcé fait par la Consolidation soit fait à 5 pour o/o : *de quelque manière qu'un Gouvernement s'y prenne, il lui est impossible d'emprunter au-dessous du cours de la place : tous les efforts qu'il fait pour se soustraire à ce cours et pour le maîtriser par la force, ont un résultat directement contraire.* Je vais prouver que le résultat de la Consolidation forcée est de doubler la perte qu'indique le cours, en la faisant supporter par les Créanciers d'abord et ensuite par l'État.

L'emprunt forcé frappé par le Gouvernement sur les Créanciers de l'État n'est pas en définitif fourni par eux : on peut bien contraindre les Créanciers de l'État à devenir momentanément ses prêteurs; mais *il est de principe qu'un emprunt ne peut être fourni que par des capitaux libres et par un prêteur volontaire, réglant à son gré les conditions du prêt qu'il consent à faire.* La puissance irrésistible de ce principe fait que l'Effet qui représente un emprunt forcé, sort à tout prix des mains de celui qui l'a reçu malgré lui, et qui n'a ni les moyens ni la volonté de le garder. Cet Effet court de mains en mains jusques à ce qu'il ait rencontré des capitaux disponibles qui l'absorbent et un prêteur volontaire qui consente à le garder aux conditions qu'il lui plaît de régler (1).

C'est précisément ce qui arrive lors d'une Consolidation forcée d'Arriéré.

Le Créancier de l'État s'empresse de négocier sur la place au cours de 60 francs, je suppose, la Rente qu'il a été forcé de recevoir. *Le prêteur exige, par la Consolidation forcée, un intérêt énorme.*

L'acheteur, qui devient le véritable prêteur, obtient 5 pour o/o d'intérêts pour 60 francs de capital. Il prête à plus de 8 pour o/o ; il a en outre l'éventualité d'une prime de 40 francs sur 60 francs, ou de 60 pour o/o.

Supposons que la Rente remonte à 80 francs en deux années, ou au pair en quatre années ; le prêt aura été fait à 23 pour o/o par an.

Si la Rente atteint ce cours en deux ans, le prêt aura été fait à 38 pour o/o par an.

Enfin, si, ce qui n'est pas impossible, le cours se rétablissait au pair en un an, le prêt aurait été fait pour le prêteur à 68 pour o/o pour un an.

Quant à l'emprunteur, il a obtenu 60 francs pour 100 francs, il a emprunté à 40 p. o/o de perte. *Le Créancier de l'État subit cet énorme intérêt une première fois.*

Tel est un des résultats de cet emprunt prétendu fait à l'intérêt légal de 5 pour o/o, de cette habile combinaison pour échapper à l'usure, pour détruire l'agiotage, de cette économique opération, plus légale que l'émission d'Obligations à 8 pour o/o négociables au pair.

Il est vrai que le Gouvernement semble avoir échappé à toute perte, et l'avoir rejetée en entier sur son créancier. Ose-t-on bien présenter comme morale, comme légale, la violation de la propriété, l'abus de la force, le vol en un mot ! car cette habileté, cette morale, ressemblent à celles de ce voleur consciencieux qui vendait sur le grand chemin une paire de pistolets chargés, mille guinées. *Cet énorme intérêt est supporté une seconde fois par les Contribuables.*

Un Ministre des Finances peut bien forcer les Créanciers de l'État, le pistolet sur la gorge, à prendre pour 100 francs une Rente de 5 francs; mais il sait qu'elle ne vaut pas ce prix, bien plus il empêche qu'elle ne vaille le prix pour lequel il forcé à la

---

(1) Ces principes incontestables auraient dû faire rayer du dictionnaire de la Finance cet assemblage bizarre de ces deux mots *emprunt forcé*, qui impliquent contradiction, et ne sont qu'une jonglerie pour dissimuler un impôt définitif ou momentané.

recevoir. Le Ministre des Finances qui ordonne la Consolidation forcée, aurait plus d'habileté que le modèle que je viens de citer, s'il agissait sciemment : mais il faut convenir, à l'honneur des partisans de la Consolidation forcée, qu'ils ne savent ni ce qu'ils disent ni ce qu'ils font; leur propre supercherie leur fait illusion; ils sont dupes de leur jonglerie; ils ne veulent voir dans la Consolidation forcée qu'un emprunt au pair, qu'un paiement intégral, parce qu'ils forcent leurs Créanciers à admettre les Rentes au pair : mais dans ce cas même l'emprunt coûte au Gouvernement bien plus de 5 pour o/o. Je montrerai plus loin *(page 74)* que chaque Consolidation forcée a coûté, devait et devra coûter au Gouvernement et aux Contribuables 40 à 60 pour o/o de prime, et un intérêt de 8 à 10 pour o/o, après avoir coûté le même prix aux Créanciers de l'État.

La consolidation forcée sous l'apparence d'un emprunt à 5 pour o/o, coûte réellement de 40 à 60 pour o/o ; elle fait supporter cette perte une première fois par le créancier et une seconde fois par l'État; en sorte que la consolidation forcée n'est pas seulement le plus injuste, le plus absurde, mais encore le plus coûteux des emprunts forcés.

Si les raisonnemens les plus conséquens, si les calculs les plus rigoureux ne portaient chacune de nos démonstrations jusqu'à l'évidence, pourrait-on croire qu'il existât un système de Finances qui joignît autant d'injustice à autant d'absurdité !

La Consolidation forcée de l'Arriéré considérée comme un impôt : Consolider forcément des créances arriérées lorsque la Rente se négocie à 5 5 p.r o/o, comme en juin 1 8 1 5, ou à 40 p.r o/o, comme en thermidor an 9, c'est imposer aux Créanciers de la Dette exigible un sacrifice de 45 ou de 60 p.r o/o du montant de leurs créances, puisqu'ils ne pourront rentrer dans les fonds que l'emprunt forcé leur retient ou leur enlève, qu'en éprouvant cette perte.

L'emprunt forcé fait sous la forme de Consolidation de l'Arriéré est donc un véritable impôt.

Cet impôt frappe directement sur le Créancier de la Dette exigible, et par contre-coup, sur le rentier créancier de la Dette perpétuelle.

Sur le Créancier de l'État ; *La mesure de cet impôt, pour les Créanciers de la Dette exigible, est dans la perte qu'éprouve sur la place l'Effet représentatif de l'emprunt qui leur est remis en paiement.* Dans les Consolidations qui ont eu lieu, cette perte s'est élevée jusqu'à 60 p.r o/o de leurs capitaux. Lors de la proposition faite en juin 1 8 1 5, elle s'élevait à 45 p.r o/o, et aurait été plus haut.

Sur le Rentier. *Pour le Rentier, créancier de la Dette perpétuelle, la mesure de cet impôt est dans l'accroissement du discrédit qui en résulte;* car tout emprunt forcé sur une classe de Créanciers de l'État étant une injustice et une preuve d'infidélité, devient par cela même une cause d'accroissement de discrédit.

Le Rentier qui, avant l'emprunt forcé, pouvait négocier son Inscription 80 p.' o/o, et qui à cause de cet emprunt ne peut plus en obtenir que 60., a éprouvé une perte du quart ou de 25 p.' o/o de son capital. Ce sacrifice lui a été imposé par une Loi au nom de l'État, il a donc supporté un impôt du quart de son capital.

Si, comme cela est incontestable, *les meilleures règles en matière d'impôts com-mandent de les asseoir sur les revenus et non sur les capitaux des contribuables, et de les répartir avec une égalité proportionnelle*, comment qualifier une combinaison d'impôt, telle qu'il pèse en entier sur deux classes d'individus, qu'il détruit leurs capitaux dans une proportion énorme et inconnue, et qui peut surpasser le montant de la fortune entière des Contribuables ; enfin un impôt dont chacun est d'autant plus fortement atteint, qu'il a eu plus de confiance dans le Gouvernement, plus de fidélité et de dévouement à son service !

Il n'y a, certes, aucune justice à ruiner les Créanciers de l'État par un impôt excessif, pour épargner à la foule des Contribuables un impôt insensible, également réparti sur tous. Il n'y a pas un habile discernement à choisir pour Contribuables exclusifs les hommes dévoués au service public ; et pour matière d'un impôt destructif, les capitaux instrumens nécessaires de ce service. Lorsque l'on considère la Consolidation forcée comme un impôt, le choix de ses contribuables n'est donc pas plus habile que le choix de ses prêteurs quand on la considère comme un emprunt.

Un principe fondamental en matière d'impôts, c'est qu'*on doit sur-tout préférer ceux qui coûtent le moins aux Contribuables, et produisent le plus au Trésor.*

La Consolidation forcée, en enlevant aux Créanciers de l'État la moitié de leurs capitaux, ne fait verser aucune somme au Trésor.

L'État livre à ses créanciers un Effet pour lequel il devra éternellement au porteur, quel qu'il soit, 100 fr., et ne lui paiera jamais que 5 p.' o/o d'intérêts.

En se grevant d'une dette de 160 fr., l'État ne donne réellement que 40 ou 60 fr. Il fait perdre à son malheureux créancier 40 ou 60 fr. ; il lui impose une contribution exorbitante sans résultat pour le Trésor. Ce sacrifice énorme est exigé au nom de l'État, et il est perdu sans profit pour la chose publique.

Quel impôt pourrait-on inventer, et plus injuste, et plus destructif, et plus absurde, que la Consolidation forcée de la Dette arriérée ?

J'entends les apôtres et les défenseurs du système des Consolidations forcées et ses nombreux partisans, se dire entre eux, en haussant les épaules, d'impatience et de pitié : « Que signifie tout cet étalage de définitions entées les unes sur les autres, tous ces rai-sonnemens alambiqués ! nous n'avons jamais prétendu que la Consolidation forcée de l'Arriéré fût *ni un refus de paiement, ni un emprunt, ni un impôt* ; nous n'admettons aucune de ces définitions quintessenciées ; nous avons tout simplement dit avec tout le monde, que *c'était un paiement en Rentes* : nous sommes prêts à le soutenir et à le prouver. »

Je sais, et je l'ai déjà dit, que vous n'avez jamais connu la nature et les effets de la Consolidation forcée ; mais je vous accorde sans discussion que c'est un paiement, et il ne me sera que plus facile de prouver que, sous ce rapport sur-tout, cette opération est le comble de l'injustice et de l'absurdité.

Le vulgaire ne regarde un paiement comme réel que jusqu'à concurrence de la somme de numéraire que les promesses, les engagemens, les Obligations, les Effets de toute espèce, soit publics, soit particuliers, produisent en définitif. Les Effets ne sont que des titres intermédiaires qui, en représentant successivement une créance, constatent les droits du propriétaire, et doivent les conserver dans leur intégrité. Le paiement n'est définitif et consommé que par la réalisation en numéraire effectif du montant du titre et de la créance originaire.

Le paiement en Inscriptions de Rentes n'est donc réel et définitif que jusqu'à concurrence du numéraire que cet Effet public devra produire.

Si tels sont les principes que les plus simples notions du bon sens le plus ordinaire suffisent pour découvrir, comment appellerons-nous une opération dont le dernier résultat est de ne procurer au Créancier de l'État que la moitié (par exemple) en numéraire du montant de sa créance, de ne lui payer par conséquent qu'une partie de ce qui lui est dû, et de lui faire perdre le surplus !

Lorsqu'un particulier ne paye qu'une partie de ses dettes, le vulgaire malhonnête, qui appelle les choses par leur nom, flétrit cette opération financière du nom de BANQUEROUTE ; c'est aussi du même nom que toute opération faite par le Gouvernement, et qui a le même résultat pour ses Créanciers, doit être appelée.

Considérée comme un paiement, la Consolidation forcée n'est effectivement qu'une BANQUEROUTE.

On n'a pas eu honte même depuis qu'un certain ordre a été rétabli dans les Finances, de proposer ouvertement la *banqueroute*, sinon comme une mesure absolument juste, au moins comme une mesure salutaire qu'autorisait la nécessité des circonstances, et que le bien de l'État justifiait.

Si cette erreur a été rarement professée avec franchise, on peut dire avec vérité qu'elle a été le principe caché du système de Finances adopté de tout temps en France, et notamment du plan de Consolidation forcée suivi depuis l'an IX, puisque la *Conso-lidation forcée* que je viens de démasquer se trouve n'être qu'une *banqueroute déguisée.*

Dans le système de la *banqueroute*, les injustices, les absurdités, se croisent et se compliquent, les malheurs particuliers se multiplient, et les maux publics s'aggravent à l'infini.

En recherchant la véritable nature de la Consolidation forcée, en l'envisageant sous ses divers rapports, j'ai indiqué quelques-uns des funestes effets de la *banqueroute*; il faudrait plusieurs volumes pour les exposer tous, et pour en développer les déplorables et innombrables conséquences. Je n'indiquerai que les principales appliquées à la Consolidation forcée.

Lorsqu'un particulier ne paye pas ses créanciers, il gagne incontestablement tout ce qu'il leur enlève; il est voleur, mais il est adroit : il recueille le fruit de son larcin, et il se console du déshonneur par le profit.

Lorsque l'État fait *banqueroute*, a-t-il cette honteuse consolation! détruit-il sa dette! s'enrichit-il! et aux dépens de qui!

Le caprice et la mauvaise foi peuvent bien prononcer la réduction ou l'annullation des créances sur l'État : la violence et la force exécutent cette inique sentence; mais cette *banqueroute* ne peut détruire les droits du Créancier dans l'opinion générale, encore moins dans son opinion; elle ne peut lui enlever ni le desir ni le besoin de recouvrer ses créances, elle excite et légitime tous les moyens qu'il prendra pour échapper à ses pertes ou pour en obtenir le dédommagement.

Le créancier n'a pas concouru à l'annullation de sa créance, n'y a pas même donné cette espèce d'assentiment que le particulier en faillite obtient par un concordat, et qui opère sa décharge aux yeux de la Loi et à l'égard de tous, sa conscience exceptée.

Chacun, malgré l'assentiment public qu'obtient la proposition de la *banqueroute*, reste, par l'instinct du simple bon sens, et le Créancier sur-tout, implicitement convaincu de ces principes d'équité et d'économie politique, qu'*un Gouvernement n'a pas plus qu'un particulier le droit de refuser le paiement de ses dettes; qu'il a d'autant moins ce droit qu'il a toujours le moyen d'acquitter ses dettes, et que l'impossibilité de payer ne peut jamais lui servir d'excuse.*

Le Créancier, fort de ses droits que consacre l'opinion, ne perd pas l'espoir de recouvrer sa créance; il ne néglige aucune occasion de l'opposer en compensation, de s'en prévaloir pour retarder ou refuser le paiement des sommes qu'il peut devoir au Gouvernement : sans cesse aussi on repousse impitoyablement ses efforts.

Cette injustice constante et ces refus répétés ne le découragent pas, mais l'aigrissent; ils le conduisent insensiblement à projeter, à pratiquer contre son débiteur, plus puissant et de mauvaise foi, toutes les ruses de la faiblesse irritée, et bientôt après, toutes les fraudes qui peuvent être à sa portée et que le besoin de remboursement d'une créance légitime excuse à ses yeux.

S'il rentre dans les affaires du Gouvernement, c'est avec l'intention formelle d'y chercher par tous les moyens praticables, par les manœuvres les plus condamnables, le dédommagement le plus ample des pertes que les *banqueroutes* lui ont fait subir.

S'il réussit, on applaudit à son adresse, et le Créancier s'énorgueillit de son habileté.

La Dette de l'État frappée par la *banqueroute* n'est donc pas détruite, l'administration n'en est pas déchargée; cette dette subsiste toujours, elle pèse continuellement sur l'administration qui en refuse le paiement, lui crée des obstacles et entrave sa marche.

Par un retour inévitable, la *banqueroute* pervertit le Créancier de l'État, le porte à la fraude et l'y autorise; elle n'est pas moins contraire à l'intérêt de l'Administration qu'à la morale publique.

Elle ne détruit pas la Dette de l'État à l'égard des Contribuables.

Cette dette que l'Administration refuse de payer, n'est pas la sienne, mais celle des Contribuables; le Trésor n'en avait pas les fonds en caisse : simple intermédiaire placé entre les Créanciers de l'État auxquels il était dû, et les Contribuables qui leur devaient; il aurait recueilli d'une main ce qu'il aurait payé de l'autre; la position du Gouvernement et du Trésor, ainsi considérée abstractivement, reste la même avant comme après la *banqueroute*.

Elle affaiblit la matière imposable.

Les Contribuables représentés par le Gouvernement ne sont donc pas déchargés de la dette, qui continue de peser sur l'Administration. La *banqueroute* leur fait éprouver d'autres dommages.

Le refus de payer la dette a détruit à l'instant les capitaux des Créanciers de l'État; ces créanciers font partie des capitalistes, des contribuables de l'État; leurs richesses faisaient partie de la richesse générale, de la matière imposable.

La matière imposable a donc été appauvrie du capital des créances détruites par la *banqueroute*; si la charge a diminué, la force qui devait la supporter, a diminué et bien davantage.

La matière imposable est la seule source dans laquelle *un Gouvernement* sans crédit puise ses ressources : il peut y prendre sans graves inconvéniens, tant qu'il ne prend que sur les revenus : mais il *doit bien se garder de jamais entamer les capitaux, instrumens de reproduction;* ce sont des capitaux qu'il détruit par la *banqueroute.*

Ces dernières considérations tirées des mystères les moins connus de l'économie politique, appliquées à l'Administration des Finances, auraient exigé quelques développemens préliminaires : mais, telles que je viens de les présenter, elles suffisent pour indiquer *qu'un Gouvernement qui fait banqueroute, ne procure à ses Contribuables qu'un soulagement apparent et une surcharge réelle; qu'il appauvrit sa matière imposable et l'affaiblit.* Passons à des considérations non plus fortes, mais plus faciles à démontrer et à saisir, parce qu'elles se rapprochent davantage des idées généralement reçues, des habitudes journalières et des calculs les plus simples.

La Consolidation forcée rend plus difficiles

J'ai montré la Consolidation forcée violant le droit de propriété des Rentiers et des Créanciers de l'État, aggravant la misère des salariés de l'État, consommant la ruine des fournisseurs et entrepreneurs, et les pervertissant ; j'ai indiqué plusieurs de ses effets désastreux sur l'intérêt public ; achevons de montrer à ses aveugles partisans, qu'elle a pour l'État, pour les Contribuables, pour la morale publique, d'autres effets très-funestes qu'ils ne soupçonnent pas.

J'ai fait voir que *la consolidation forcée prive l'État des capitaux et des hommes consacrés à son service ; qu'elle lui enlève ses agens et ses instrumens.*

Les capitaux, frappés par la Consolidation, ne sont pas seulement retenus ; ils sont détruits. Les fournisseurs ne sont pas seulement découragés, appauvris ; ils sont ruinés. Cela serait au mieux, s'il n'y avait plus ni travaux à faire, ni troupes à payer, à nourrir, à vêtir, à armer ; si toutes les parties de l'administration devaient cesser : mais elle ne peut être interrompue un seul jour. Il faut donc chercher ailleurs et d'autres fournisseurs et d'autres capitaux.

On semble n'avoir pas prévu qu'il faudrait pourvoir au remplacement de ces fournisseurs si inhumainement traités. Fût-ce un mal, c'est un mal nécessaire ; il faut des fournisseurs à une administration.

Je veux qu'ils aient mérité la réduction qu'on leur a fait subir ; que leurs prix fussent exagérés et leur conduite peu délicate : il n'en est pas moins vrai que l'État a manqué à ses engagemens envers eux ; qu'il a réduit leurs créances, non pas en rectifiant leurs comptes, mais arbitrairement ; que le fournisseur exact, que le créancier salarié, que l'on ne peut soupçonner d'aucune fraude, a été atteint autant et plus que le fournisseur malhonnête. *Le sort de ces créanciers ne peut que décourager ceux qui seraient tentés de les remplacer, que rendre ce remplacement et plus difficile et plus coûteux.*

Quels hommes assez imprudens viendront confier une fortune acquise à un Gou-vernement infidelle ! Qui voudra entrer avec son argent dans cette caverne, d'où personne n'est sorti que dévalisé !

Ce remplacement cependant ne sera pas impossible.

La cupidité a tout tarifé ; elle a calculé jusqu'aux dangers de l'arbitraire et de *la banqueroute :* elle en a fixé le prix.

A défaut de capitalistes puissans et probes, il se présentera des hommes tarés, plus riches en adresse qu'en capitaux, et qui compenseront par leur savoir-faire ce qui manque à leurs moyens pécuniaires. Qu'ont-ils besoin d'ailleurs de capitaux ! Ils sauront bien attirer à eux ceux du Gouvernement pour faire son service.

Débarrassés de la concurrence des honnêtes gens qui se contentent de béné-fices modérés, mais qui exigent de la sécurité, les *fripons* les plus adroits et les plus hardis *offrent seuls leurs services aux Administrations qui font habitude de la banqueroute.* L'Administration qui s'est mise à leur discrétion est forcée d'ac-cepter leurs services ; ils y mettent un prix exorbitant ; ils exigent des avances ; ils

K

et plus coûteux les nouveaux traités.

Il faut trouver de nouveaux fournisseurs.

Les fournisseurs riches et honnêtes s'éloignent.

Les fripons seuls se rendent fournisseurs.

n'exécutent qu'infidèlement leurs engagemens, ou les abandonnent suivant leur inté-rêt; ils sèment la corruption dans tous les rangs de l'Administration; ils trompent l'agent intègre qu'ils n'ont pu séduire. Par-tout à leur suite ils introduisent le dé-sordre, à la faveur duquel ils se font payer ce qu'ils ont mal fourni et ce qu'ils n'ont pas fourni.

Les embarras, les désordres que causent de pareils fournisseurs; les infidélités qu'ils commettent et font commettre, sont incalculables. Le renchérissement de prix qui résulte de leur intervention dans les affaires d'un Gouvernement, varie et se cache sous toutes les formes de supercherie, de séduction et de fraude. Il est impossible d'apprécier les destructions du brigandage, et je les néglige dans mes calculs.

Il est inévitable que le nouveau traitant s'assure la garantie de rentrer dans ses fonds et dans ses bénéfices, déduction faite de la perte qu'éprouve l'Effet public qu'il appréhende d'être contraint de recevoir en paiement; le renchérissement de prix que stipulera le nouveau fournisseur, lors même qu'il serait honnête, ne pourrait être moindre que la perte causée aux anciens Créanciers de l'État, par les *banqueroutes* précédentes.

Une Consolidation forcée, exécutée lorsque la Rente était à 60 fr., a causé au créancier une perte de 40 p.r o/o; elle ne peut occasionner dans le prix des nouveaux traités, un renchérissement de moins de 40 p. o/o. Ce renchérissement doit monter beaucoup plus haut, parce que, tandis que la probité exagère ses inquiétudes et se retire, la cupidité, ayant le champ libre, exagère ses prétentions.

On peut donc affirmer, sans crainte de se tromper, que *chacune des Consolida-tions forcées qui ont eu lieu, a causé dans les dépenses de l'État un renchérissement de 50 à 60 p.r o/o.*

Il reste démontré qu'un des résultats de la Consolidation forcée, est de faire qu'à l'avenir l'Administration ne pourra plus obtenir, qu'en donnant 150 fr., ce qu'elle payait 100 fr., et ce que les particuliers continuent de payer 100 fr.

Le Gouvernement paie 150 fr. au lieu de 100 fr., parce qu'en violant ses engage-mens, il n'a voulu payer que 60 fr. au premier créancier auquel il devait 100 fr.

Dans ce système, 600 millions levés sur les Contribuables, ne produisent pas l'effet qu'auraient produit 400 millions dans un système de fidélité et de crédit.

Parce qu'une Administration, méconnaissant l'intérêt bien entendu de l'État, violant ses devoirs envers ses Créanciers, dédaignant l'honneur qui s'attache à la fidélité, ignorant également les effets du discrédit et ceux du crédit, aura refusé d'acquitter une dette une fois payée, de 3, 4, 600, 1,200 millions, ou encore parce que l'Administration aura voulu payer cette dette dans une forme, avec des valeurs qui ne conviennent pas aux Créanciers de l'État, parce qu'elle leur aura arbitrairement assigné 5 p.r o/o d'intérêt de leurs créances, les Contribuables seront condamnés à payer annuellement 2 ou 300 millions en pure perte, pour que le Gouvernement soit plus mal servi.

L'État, en dernier résultat, se sera donc assuré par la banqueroute, l'avantage de payer deux, trois, quatre, cinq, dix fois, sans jamais se libérer, la Dette qu'il a refusé d'acquitter intégralement et de bonne foi une seule fois.

Appellera-t-on *la banqueroute* et la Consolidation forcée, un système d'économie bien entendu et bien honorable! N'ai-je pas démontré qu'il est aussi contraire à la morale qu'à l'intérêt public; qu'il multiplie les embarras de l'Administration, et que ses effets les plus désastreux tombent sur l'État, c'est-à-dire, sur les Contribuables.

Je défie le partisan le plus aveugle, l'exécuteur le plus endurci des hautes injustices de la Consolidation forcée, fût-il le raisonneur le plus subtil, d'échapper à ces conséquences rigoureuses; il faut qu'il convienne avec moi que son système fait payer un peu cher à un État l'honneur de faire *banqueroute.*

C'est bien ici le lieu de remarquer de nouveau que ce système semble réunir tout ce que la légèreté, l'imprévoyance et l'injustice ont pu jamais inventer de plus destructif et de plus désastreusement absurde.

Que l'on ne se flatte pas d'échapper au renchérissement des prix, à l'augmentation des dépenses, à tous les embarras, toutes les difficultés *d'une première banqueroute, par une nouvelle banqueroute;* elle a été prévue par le nouveau contractant, et il a su se garantir de ses effets.

Il a stipulé des paiemens d'avances; il a enflé ses états de fournitures effectuées; il a su se rendre débiteur en paraissant créancier, et emprunter au Trésor et au public les fonds avec lesquels il fait son service. Au moindre prétexte, ou sans prétexte, suivant les calculs de son intérêt, sa seule règle, il crie à la violation de son traité, il abandonne son service, en faisant des réclamations monstrueuses; et lorsque ses comptes ont été péniblement éclaircis, liquidés et réglés avec justice, on reconnaît, mais trop tard, que ce prétendu créancier est débiteur de sommes considérables au Trésor et envers les particuliers trop confians qui lui ont prêté leurs capitaux, ou qui ont été ses agens ou ses sous-traitans. Il a rendu au Trésor banqueroute pour banqueroute; il a vengé les créanciers injustement dépouillés. Seul, il a recueilli les fruits de ce système de fraude et d'immoralité; il s'est enrichi des dépouilles du fisc; il s'est nourri des sueurs des contribuables; il s'est engraissé des larmes de ses débiteurs. Il a su placer son odieuse fortune et sa personne à l'abri de toute atteinte; il se moque des Lois, il défie les Tribunaux, et il brave le mépris et la haine publics. Par son luxe effréné, il insulte à la misère de ses dupes; à force d'impudence et de succès, il a conquis cette espèce de considération que la sottise accorde au crime

Les nouvelles banqueroutes n'empêchent pas les fournisseurs adroits de s'enrichir.

K 2

audacieux et triomphant; il est devenu un scandale public, et il en fait gloire (1)!

Loin donc de diminuer le nombre des fournisseurs infidèles, de les punir, *la banqueroute* les multiplie, les favorise, les enrichit.

Ce système d'infidélité une fois introduit, les désordres, les brigandages, et avec eux les embarras et les difficultés, les malheurs publics et particuliers, ne peuvent que s'accroître en proportion des nouvelles infidélités dans lesquelles l'Administration est irrésistiblement entraînée. Les résultats, d'accord avec la morale, proscrivent cette doctrine perverse, qui voudrait faire de l'injustice le remède de l'injustice.

La *banqueroute* publique ne respecte ni règle, ni vertu, ni morale; elle ne laisse subsister aucune honnête industrie; elle attaque, elle pervertit la probité, elle introduit la corruption dans tous les rangs. Ce torrent dévastateur emporte toutes les digues: si on ne tarit sa source, il étendra au loin ses ravages, il inondera tout un État d'un déluge de maux.

Si l'Administration veut sortir de la fange, si elle veut éloigner ce cortége impur de corruption, de fraude, de misère et de honte, dont elle est importunée; si elle veut échapper à des embarras, à un déshonneur toujours croissant, elle *n'a qu'un seul parti à prendre, celui* de rentrer franchement dans les routes de la fidélité, dans les voies du crédit; *de payer une fois ce qu'elle doit, un peu plus même qu'elle ne doit, pour être enfin* débarrassée de ses entraves, et *réhabilitée.*

Alors seulement la confiance renaîtra, alors seulement les capitalistes honnêtes et industrieux se rapprocheront des affaires publiques, et offriront, d'abord avec hésitation, leurs services. Après de timides essais, *lorsque les premiers engagemens à des termes rapprochés auront été accomplis, la confiance s'affermira;* ils se fieront à des promesses plus éloignées pour des sommes plus fortes.

Leur empressement, la concurrence qui s'établira bientôt entre eux pour traiter aux prix les plus modérés, l'émulation pour exécuter avec le plus d'exactitude et de conscience, écarteront les hommes douteux, leurs séductions, leurs fraudes, leurs rapines; ramèneront la probité et l'ordre dans les entreprises, rendront la surveillance facile, et produiront une facilité et une économie incalculables dans toutes les parties du service.

Si l'Administration prend une marche assurée et persévère dans sa fidélité; si elle exécute scrupuleusement toutes ses promesses, *son Crédit s'élevera* par degrés et rapidement *jusqu'au point où les ressources qu'elle pourra en obtenir n'auront plus d'autres limites que sa volonté et sa modération;* et en même temps le prix auquel elle les obtiendra, décroîtra et *descendra au-dessous des conditions les plus favorables que puissent jamais obtenir les particuliers les plus solvables.*

---

(1) Le mal n'a pas été porté à ce point dans l'administration française. Il y restait plusieurs fournisseurs honnêtes; mais ceux-là même avaient augmenté leurs prix, et néanmoins les pertes qu'ils éprouvaient les ruinaient tour à tour, et n'en auraient laissé subsister aucun.

Fondé sur ces principes réparateurs, le système de Finances de 1814 avait déjà guéri une partie des plaies qu'*un long système de banqueroute* avait faites aux Finances ; il s'avançait d'un pas ferme vers l'amélioration et l'affermissement du Crédit public ; il abaissait graduellement l'intérêt exigé sur les Effets publics ; il devait le réduire à 4 p.' o/o ; il élevait rapidement le cours et la valeur du capital de ces Effets, et n'aurait pas tardé à les ramener et fixer au pair, à consolider le crédit. Le plan de 1814 marchait vers ce but.

On a souvent parlé de Crédit public ; mais les écrivains estimables, instruits même, qui en ont dit quelques mots, n'ont pas connu tous ses effets ; la plupart l'ont repoussé comme renfermant des dangers, comme peu propre à s'adapter à nos Finances, comme étranger à la France. Le Crédit, plante exotique dont la culture, quoique simple et facile, est peu connue en France, est, comme autrefois cette plante utile et modeste qui cache ses fruits au sein de la terre, repoussé par d'antiques préjugés, irréfléchis, enracinés. Comme cette plante robuste, le Crédit cependant peut germer et produire sur tous les sols, dans tous les climats ; il ne redoute que la main barbare du cultivateur ignorant ; facile à naturaliser, il ne peut être étouffé que par les chardons des consolidations, l'ivraie de la banqueroute ; enfin, comme cette plante féconde et nourricière, c'est sur-tout aux classes pauvres, aux habitans des campagnes, aux ouvriers, qu'il prodigue ses dons les plus précieux. En fournissant au Trésor d'immenses ressources, sans aggraver les impôts, il prépare le soulagement des contribuables, des propriétaires ; en respectant les capitaux des hommes riches et industrieux, il favorise l'accroissement de la richesse publique et particulière, il multiplie les entreprises, il distribue les travaux, il assure la subsistance, il répand l'aisance et le bonheur jusque dans les derniers rangs de la société. Le Crédit public et ses effets applicables à la France.

Le Crédit public est le plus sûr moyen de réaliser le vœu simple et sublime de Henri IV.

A ce titre, le Crédit public appartient au cœur de son digne successeur.

Résultat encore nouveau, encore contesté, mais résultat admirable des progrès de la civilisation, le Crédit public appartient également à un Roi éclairé, dont les lumières devancent et doivent diriger son siècle.

Enfin, le Crédit public garantissant tous les droits, respectant toutes les propriétés, réprimant les excès de la force, empêchant les abus de l'autorité en même temps qu'il facilite son action et affermit sa puissance, appartient essentiellement au Gouvernement constitutionnel.

Le pair des Effets publics, quel que soit leur intérêt, est à-la-fois la première condition et le résultat du Crédit public ; il doit être l'objet constant de la sollicitude et de tous les efforts d'un Ministre des Finances, le but nécessaire de tous ses plans, le résultat infaillible de son système (1). Du pair des Effets publics.

---

(1) *Voir* l'Opinion d'un Créancier de l'État, *pages 43 et 44.*

Est une condition indispensable de tout plan de Finances.

De toute émission d'Effets publics.

Elle règle leur forme.

Et le mode d'émission.

Elle est la seule limite de cette émission.

Le seul point à examiner dans un projet de Budget.

Tout plan qui, d'après l'expérience, tout système qui, de l'aveu même de son auteur, ne conduit pas vers ce but et ne doit pas l'atteindre promptement, est condamné ; il doit être rejeté.

Il ne peut être permis à un Ministre des Finances d'émettre des Effets publics que sous la condition de les maintenir au pair, parce qu'alors seulement cette émission est utile au Trésor et aux Contribuables sans nuire aux Rentiers et aux Créanciers de l'État : en agir autrement, c'est cueillir des fruits avant leur maturité et les tourner en poison.

L'Effet public le plus facile à maintenir au pair, par son échéance, par sa forme, par les avantages qui y sont attachés, *est celui qui doit être préféré.*

Le meilleur mode d'émission par paiement, négociation ou échange, *est celui qui laisse au Créancier plus de choix et de liberté, parce que c'est celui qui affecte le moins le cours.*

Cette condition du pair des Effets publics est aussi la seule règle modératrice de leur émission ; car lorsqu'elle est remplie, l'émission n'ayant que des avantages sans inconvéniens, le bien qu'elle procure doit être multiplié autant qu'il peut s'étendre. *Il ne résulte aucun danger d'une émission publique et libre, quelque abondante qu'elle soit,* parce qu'elle s'arrête avec la volonté des Créanciers de l'État ; l'excédant, s'il s'en trouve, s'écoule par le fonds d'Amortissement (1), et la circulation s'abaisse à l'instant jusqu'au point où elle retrouve le pair, et n'a plus que des avantages sans inconvéniens.

Dans le petit nombre de conditions nécessaires pour maintenir les Effets publics au pair, réside tout le secret des Finances, toute la magie du Crédit public (2).

La principale et presque la seule question à examiner dans la partie d'un projet de Budget qui concerne le paiement et la liquidation de l'Arriéré, l'émission et le rachat des Effets publics, la circulation et l'Amortissement de la Dette exigible et

---

(1) *Voir* la note à la *page 57.*

(2) Il résulte de ces principes, que, dans des temps où le Crédit est faible et renaît, il faut emprunter à courtes échéances, raccourcir les échéances à la volonté du Créancier par le Rachat, et donner un haut intérêt pour maintenir les Effets publics au pair.

Le pair obtenu, on alonge graduellement les échéances, on modère les Rachats, on réduit successivement les intérêts selon les améliorations successives du crédit, et sans jamais altérer le pair.

Dans cette marche prudente et habile, un Ministre des Finances est secondé par la volonté, la confiance, la satisfaction du Créancier de l'État ; il parviendra ainsi infailliblement à emprunter à 4 pour o/o en Dette perpétuelle tout ce qu'il pourra être nécessaire ou utile d'emprunter.

Par la Consolidation forcée à 5 ou à 3 pour o/o, comme en l'an 9, l'ignorance, la maladresse, la violence croient d'un seul bond arriver au but, sans avoir parcouru la carrière ; elles tentent de ravir le prix sans savoir e mériter.

Elles échouent dans cette entreprise insensée, et n'en recueilleraient que la risée, si tous les maux que cause cette folle erreur ne devaient exciter le mépris et l'indignation.

perpétuelle, c'est celle de savoir s'il est conforme aux conditions ci-dessus ou s'il s'en écarte, s'il doit, dans un temps donné et rapproché, ramener et fixer tous les Effets publics au pair.

Le projet de Budget est bon s'il assure ce résultat ; il est inadmissible s'il ne doit jamais le produire ou s'il ne le promet que pour un avenir trop éloigné.

La Consolidation forcée émet des Rentes à un intérêt, dans une forme et pour des sommes fixées arbitrairement, sans égard ni à la volonté des Créanciers, ni au cours des Effets publics ; la Consolidation forcée viole ainsi toutes les conditions des émissions d'Effets publics, et doit être le plus sûr moyen d'en dégrader le cours et de ruiner le Crédit. Faut-il nous étonner qu'elle ait toujours eu ce résultat ! N'est-il pas bien plus surprenant, que, contre les leçons constantes de l'expérience et la prescription des principes, on vienne sans cesse la reproduire !

La Consolidation forcée viole toutes les règles des émissions d'Effets publics.

Des circonstances malheureuses peuvent bien rendre le Crédit public chancelant, le pair des Effets publics plus difficile à atteindre ; mais elles ne font qu'augmenter la nécessité d'y tendre avec plus d'énergie, d'y arriver plus promptement.

Les circonstances les plus malheureuses rendent le Crédit plus nécessaire, et ne le rendent pas impossible.

Plus un État est malheureux, plus ses habitans sont appauvris, moins ils peuvent fournir aux contributions ; plus ils ont besoin des secours du *Crédit, qui diminue le poids des impôts en augmentant les ressources du Trésor.*

Un avenir assuré contre les chances extraordinaires de la fortune est la seule condition du Crédit que l'Administrateur ne puisse pas maîtriser.

Gardons-nous de confondre la détresse avec le discrédit ; n'ajoutons pas l'un à l'autre : gardons-nous d'envenimer les plaies des Finances ; sachons distinguer et appliquer leur plus efficace remède.

Ne recommençons pas la faute incalculable commise en l'an 9, et qui frappa les Finances et le Crédit public d'une langueur mortelle. Les palliatifs qui de temps à autre semblaient leur redonner un peu de vigueur, ne sont plus à notre usage ; nous ne pouvons rejeter sur les États voisins l'excès de nos dépenses, et y chercher des supplémens à notre pénurie (1). Il faut trouver en nous-mêmes, et tous nos besoins et d'immenses charges. On ne peut, sans consommer la ruine de la France, les demander à une matière imposable appauvrie, épuisée, détruite ; *il faut recourir au Crédit autant par nécessité que par conviction.*

Un Gouvernement que l'inhabileté de ses Administrateurs, un État que sa situation priveraient de tout Crédit, seraient désespérés et cesseraient bientôt d'exister.

Quels que soient les malheurs d'un État et ses charges, tant que le Crédit se soutient, l'espérance demeure, et ils croîtront ensemble aux premiers rayons d'un avenir plus heureux.

----

(1) *Voir* l'Opinion d'un Créancier de l'État, *pages 11, 12 et 17, 2.e édition.*

Conséquences
du faux système
de Finances
adopté en l'an 9.

Le faux système de finances adopté en l'an 9 eut plus d'influence qu'on ne lui en attribue communément sur les fautes politiques qui suivirent. On peut dire, avec vérité qu'en ne fournissant pas au Gouvernement des ressources suffisantes, en ne lui procurant que des secours ruineux et trompeurs, il minait sourdement, il épuisait lentement ses forces et préparait sa chute.

Les propagateurs et les exécuteurs de ce faux système ont contribué à notre délivrance. Nous ne leur devons cependant aucun remerciement ; leur inhabileté a trahi leurs vœux et leurs efforts. Ils croyaient cimenter la tyrannie et ils en sapaient ses fondemens. Si nous voulons voir l'ordre et la sécurité renaître et s'affermir, repoussons pour l'avenir leurs dangereux conseils, leur pernicieux concours. Il est incontestable que leur système a causé et prolongé la plupart des excès, des violences et des destructions, dont il ne nous a amené que tardivement les salutaires mais douloureux remèdes.

Incapable de subvenir seul aux dépenses de l'État, impuissant et débile, ce système de finances ne put prêter aucune force à la politique et à la guerre ; il retomba sur elles et leur demanda l'appui qu'il eût dû leur fournir. La conquête déshonorée fut dégradée jusqu'au pillage ; elle devint un expédient de finances indispensable ; elle fut insolemment, imprudemment classée dans les budgets parmi les revenus ordinaires (1).

Les Finances étaient la partie faible et honteuse du Gouvernement le plus fort et le plus audacieux qui eût paru depuis long-temps. Si son sceptre fut à juste titre appelé une verge de fer, son système de Finances ne fut qu'un roseau hérissé d'épines qui blessa tous ceux sur lesquels il l'étendit, et qui le blessa lui-même en se rompant entre ses mains, au moment où il fut réduit à y chercher son appui ; colosse aux pieds d'argile, sa chute fut prévue au milieu de son élévation ; par ceux qui connurent le secret de sa faiblesse ; et dès qu'il eut été ébranlé, sa ruine dut être également prompte et sans retour.

Ces principes
applicables
aux
plans de Finances
adoptés en France,

Et dans tous
les temps,
dans tous les pays,
à tous les plans
de Finances,

Que l'on applique les considérations et les principes que je viens de développer au plan de Finances introduit en l'an 9, renouvelé en 1815, et au plan de 1814, on les appréciera à leur juste mérite. On partagera mon indignation contre l'un, mon estime pour l'autre.

On peut juger, d'après ces principes, sans exception, tous les plans, tous les systèmes qui ont été, qui seront proposés dans tous les temps, dans tous les pays. Que l'on applique ces principes, soit au système de *banqueroute* et de Consolidation forcée, soit au système de fidélité et de Crédit, ils éclaireront la discussion d'une vive lumière, qui ne laissera ni refuge ni excuse à l'erreur.

---

(1) *Voir* l'Opinion d'un Créancier de l'État, *pages 11, 12 et 13*, 2.ᵉ édition.

Si on adopte ces principes, nous verrons enfin les Ministres des Finances ne proposer et les Chambres n'adopter que des plans justes, salutaires, honorables, d'accord avec la morale, avec les intérêts de l'État, avec ceux des Contribuables, des Rentiers et des Créanciers de l'État. Nous verrons tous ces intérêts divers, que le système contraire n'a cessé de diviser et de rendre hostiles entre eux, quoique de leur nature ils soient inséparables bien loin d'être opposés, nous les verrons, dis-je, réunis et confondus dans un seul intérêt, celui du bien public.

Quand un Ministre des Finances aura exécuté ce système constamment proscrit depuis vingt-cinq ans, lorsqu'il aura réalisé ces résultats inconnus et crus impossibles en France, l'ignorance, la malignité, l'envie, se tairont devant un concert d'éloges et de bénédictions : ou si elles lui adressent encore leurs aveugles critiques, leurs absurdes reproches, qu'il dédaigne de leur répondre ; les Contribuables, les Rentiers et les créanciers de l'État réconciliés entre eux, soulagés, sauvés, enrichis par ses soins, s'empresseront de prendre sa défense, et d'une voix unanime proclameront ses succès et leur reconnaissance.

Vingt fois cependant, et plus, nous avons vu des hommes intègres, incorruptibles, qui se seraient fait un scrupule de manquer au moindre de leurs engagemens personnels, de détourner la plus légère parcelle des deniers publics, n'avoir pas honte de proposer ouvertement la banqueroute ! Ils l'ont exécutée ; ils ont, au mépris des Lois protectrices de la foi publique, à la face des Constitutions qui garantissaient tour à tour la Dette publique, consommé sans remords la ruine d'une foule de Créanciers de l'État ! Qui a pu donner à cette funeste erreur l'assentiment unanime, l'empire souverain qu'obtient si rarement la vérité !

On l'a appuyée sur la nécessité des circonstances ; on l'a enveloppée du voile du bien public, qui a couvert tant d'erreurs et de crimes ; on lui a mis le mensonge à la bouche. En cachant sa honte et sa difformité sous ce déguisement, elle a pu séduire la foule inattentive et crédule, et prévaloir long-temps contre les vrais principes relégués au rang des rêves et des chimères.

J'ai essayé de soulever, de déchirer son voile imposteur ; je lui ai arraché sa parure empruntée pour la restituer à la fidélité, sa rivale : elle s'avance accompagnée de la sincérité, de l'équité, de l'honneur, de l'abondance, pour replacer le Crédit à la tête des Finances, dont il fut naguère chassé avec ingratitude, après avoir fait tant de bien en peu de jours.

Si j'ai pu contribuer à réctifier quelques calculs mensongers, à dévoiler quelques erreurs, à établir quelques vérités utiles, je serai trop satisfait : la tâche que je me suis proposée sera remplie ; car je n'ai point l'ambitieuse prétention d'avoir détruit pour tous toutes les erreurs populaires que j'ai attaquées, d'avoir assuré le triomphe

Ils peuvent seuls réunir tous les intérêts des Contribuables et des Créanciers de l'État dans le seul intérêt du bien public.

Et honorer un Ministre des Finances.

L

des vérités peu connues que j'ai proclamées ; à peine osé-je me flatter d'une victoire passagère sur *le système de Banqueroute et de Consolidation forcée* que j'ai attaqué de toutes mes forces.

Espérons que ce fléau enfanté et nourri pendant les troubles de la révolution, par l'ignorance et la mauvaise foi, chassé ignominieusement au retour de la justice et de toutes les vertus assises sur le trône, ramené, confondu parmi tous les fléaux vomis par le volcan de l'île d'Elbe, n'échappera pas à l'œil éclairé, à la main vigilante d'un Roi que nos vœux rappelaient pour faire cesser les malheurs de la Patrie et réparer tous ses maux.

UN CRÉANCIER DE L'ÉTAT.

TABLE DES TITRES

Des OBSERVATIONS et ÉCLAIRCISSEMENS, par un Créancier de l'État, sur les différens systèmes de Finances suivis en France depuis l'an VIII jusqu'au 8 Juillet 1815.

OBSERVATIONS PRÉLIMINAIRES. Motifs et objet de cet écrit. Pag.   1 à 5.

DU MONTANT DE L'ARRIÉRÉ DE 1813 et années antérieures. ....   6.

On ne donne, en 1815, aucune *preuve* de l'exagération prétendue de l'Arriéré en 1814 .... *ibid.*

Le montant réel de l'Arriéré n'est pas justifié en 1815 .... 10.

L'Arriéré n'est-il pas atténué par le Ministère de 1815 .... *ibid.*

Comparaison de l'Arriéré annoncé en 1814 et en 1815 .... 11.

La réduction présentée par le Ministre des Finances de 1815, n'est qu'apparente .... *ibid.*

Paiemens effectués sur l'Arriéré, du 1.er avril 1814 au 1.er mai 1815.   *ibid.*

      sur la Dette du Ministère des Finances .... 12.

      sur les Dettes arriérées des divers Ministères .... *ibid.*

      sur la Dette arriérée du Ministère de la Guerre... 13.

      au total, sur l'Arriéré .... *ibid.*

La Dette arriérée des Ministères est arbitrairement réduite en 1815.. 14.

L'Exposé de la situation de l'Empire et le Rapport sur les Finances n'étaient pas d'accord sur le montant de l'Arriéré .... *ibid.*

L'Exposé imprimé officiellement a été falsifié .... 15.

Arriéré réel du Ministère de la Guerre .... 19.

      des divers Ministères .... *ibid.*

Récapitulation du montant réel et *rectifié de l'Arriéré.* .... *ibid.*

Exagération d'un dixième de l'Arriéré (50 millions) par le Ministre de 1814. .... 20.

Dissimulation de moitié de l'Arriéré (226 millions) par le Ministre de 1815. .... 21.

(84)

Observations sommaires sur le Budget de 1814.....Pag. **22.**
   Reproche singulier d'avoir omis ce qui est écrit deux fois..... *ibid.*
Budget ou *évaluation des Recettes*.................................... **23.**
   Douanes.. *ibid.*
   Accroissement prodigieux de la consommation des Sucres..... **24.**
     Et du produit de ce droit................................ *ibid.*
   Coupes de Bois... **25.**
   Centimes et Contributions extraordinaires de 1813 et 1814..... *ibid.*
   Compensation avec les réductions des Contributions ordinaires. **26.**
     Contributions directes ordinaires................. *ibid.*
     25 millions payés aux Étrangers................. **27.**
     Produit des Centimes extraordinaires............ *ibid.*
     Excédant de Recettes............................. *ibid.*
     Enregistrement et Domaines..................... *ibid.*
     Loterie et Postes................................ **28.**
   Versement du Domaine extraordinaire..................... *ibid.*
   Recettes et Dépenses appartenant à 1813................. *ibid.*
   Vente des Bois de l'État.................................. **29.**
Budget des Dépenses de 1814.................................. **31.**
   Excédant des Dépenses sur les Recettes.................. *ibid.*
   Moyens d'y pourvoir...................................... *ibid.*
   Réduction du Budget des Dépenses....................... **32.**
     pour quelques Ministères....................... *ibid.*
     pour le Ministère de la Guerre................. *ibid.*
   Exagération totale et définitive du dixième des évaluations sur 1813
   et 1814.. **33.**
Du Mode de paiement de l'Arriéré............................. **35.**
Inculpations vagues, suppositions gratuites, craintes feintes ou pué-
   riles que démentent les faits et les premiers résultats.......... *ibid.*
Les paiemens faits en Obligations et en Numéraire furent, en 1814,
   doubles de ceux promis en Rentes pour 1815................ **36.**
Cours ou Crédit des Obligations............................... *ibid.*
La liquidation fut plus rapide en 1814 qu'elle ne pouvait l'être en
   1815, d'après le Budget proposé........................... **38.**
Le paiement en Obligations exigeait une liquidation rapide, et était
   préparé pour cela.. *ibid.*
Le Budget de juin 1815 a créé le discrédit.................... **39.**
Résultats comparés des deux modes de paiement de l'Arriéré....... **40.**

PLAN DE FINANCES ET D'AMORTISSEMENT DE 1814. . . . . Pag.   43.
   Moyens d'Amortissement, et marche progressive de ce plan. . . . . .   ibid.
   Son effet sur les 5 p.ʳ o/o consolidés. . . . .   ibid.
   Conversion de l'Arriéré exigible en Obligations à 8 p.ʳ o/o au pair.   ibid.
       des Obligations en Rentes 6 p.ʳ o/o au pair. . . . .   44.
       des Rentes 6 p.ʳ o/o en Rentes 5 p.ʳ o/o au pair. . . . . . .   45.
       des Rentes 5 p.ʳ o/o en Rentes 4 p.ʳ o/o au pair. . . . . . .   ibid.
   Emprunts à venir à 4 p.ʳ o/o. . . . .   46.
   Conversion de la totalité de la Dette en 4 p.ʳ o/o. . . . .   ibid.
   Résumé du plan de Finances de 1814 . . . .   ibid.

*PLAN DE FINANCES ET D'AMORTISSEMENT DE JUIN 1815, ET
DE L'AN 9 À 1814*. . . . .   47.

   Le plan de juin 1815 est le même que celui de l'an 9 à 1814. . . . .   ibid.
   Premiers effets de ce plan. . . . .   ibid.
   Moyens d'Amortissement de ce plan. . . . .   48.
   Ils sont les mêmes que ceux de la Loi du 30 ventôse an 9. . . . .   ibid.
   Loi du 30 ventôse an 9 comparée au plan de 1814 et de juin 1815. . . . .   49.
       Évaluation, liquidation et paiement de l'Arriéré en l'an 9. . . . . .   ibid.
                  en juin 1815. .   ibid.
                  en 1814. . . . .   50.
   Amortissement de la Dette publique. . . . .   ibid.
       affecté sur les extinctions des Rentes viagères en
         l'an 9. . . . .   ibid.
       laissé sans exécution. . . . .   ibid.
       renouvelé en juin 1815.   ibid.
   Autres fonds et revenus affectés à l'Amortissement en l'an 9. . . .   ibid.
   Exécution commencée. . . . .   ibid.
   Ses résultats ont été détruits. . . . .   ibid.
   Renouvelés en juin 1815. . . . .   51.
   Impuissance de ce fonds d'Amortissement. . . . .   ibid.

EMPRUNT FAIT EN MAI ET JUIN 1815, comparé à celui fait en 1814.   52.

   Émission et vente secrètes des Rentes de la Caisse d'Amortissement
     en mai et juin 1815. . . . .   ibid.
   Cette émission est un emprunt. . . . .   53.
   Conditions de cet emprunt. . . . .   ibid.
   Bénéfices énormes de la Compagnie. . . . .   ibid.

Charges et pertes pour le Trésor...................... Pag. 53.
Danger et pertes pour les anciens Rentiers................ 55.
     pour les Créanciers de l'État.............. 56.

Effets sur le cours de la rente des divers plans de Finances. 58.

   Du plan de Finances de l'an 9 à 1814............... *ibid.*
       de 1814......................... *ibid.*
       de juin 1815...................... 59.

De la consolidation forcée , ou paiement en Rentes des Créances arriérées................................... 60.

Banqueroutes ordinaires avant la Révolution............. *ibid.*
Banqueroutes révolutionnaires......................... *ibid.*
Origine des Consolidations forcées, ou paiemens en Rentes........ *ibid.*
La Consolidation forcée généralement admise............. 61.
Sa nature et ses effets ne sont pas connus............... 62.
Définition exacte de la Consolidation forcée............. *ibid.*
La Consolidation forcée de l'Arriéré *n'est pas un paiement*........ 63.
    considérée comme *ajournement indéfini* ou *refus de paiement*........................ *ibid.*
    considérée comme *un emprunt forcé*........ 64.
    appliquée aux salariés de l'État........... *ibid.*
     aux fournisseurs et entrepreneurs... *ibid.*
     lorsqu'ils ne sont pas capitalistes... *ibid.*
     étendue aux créanciers des fournis.[rs]. 65.
     lorsqu'ils sont capitalistes........ *ibid.*
La Consolidation forcée, *emprunt forcé fait par addition à une ancienne dette*, cause nécessairement le discrédit............. *ibid.*
La Consolidation forcée *n'est pas un emprunt à 5 p.[r] o/o*.......... 66.
  Un emprunt est nécessairement libre................ *ibid.*
  Le prêteur exige, par la Consolidation forcée, un intérêt énorme. 67.
  Le Créancier de l'État subit cet énorme intérêt une première fois. *ibid.*
  Cet énorme intérêt est supporté une seconde fois par les Contribuables................................. *ibid.*
La Consolidation forcée de l'Arriéré considérée comme *un impôt*... 68.
Sur le Créancier de l'État........................... *ibid.*
Sur le Rentier.................................... *ibid.*

Impôt injuste et arbitraire dans sa répartition.............. Pag. 69.

    destructif pour les Contribuables et sans profit pour l'État. *ibid.*

La Consolidation forcée de l'Arriéré considérée comme un paiement.. *ibid.*

    Est une *banqueroute*................................ 70.

    La *banqueroute* ne produit rien à l'État................ 71.

        ne détruit pas la Dette de l'État................ *ibid.*

        ni dans l'opinion du Créancier................ *ibid.*

        ni dans l'opinion publique.................... *ibid.*

        ni à l'égard de l'Administration................ *ibid.*

        pervertit les Créanciers de l'État.............. *ibid.*

        ni à l'égard des Contribuables................ 72.

        affaiblit la matière imposable................ *ibid.*

        rend plus difficiles et plus coûteux les nouveaux traités. *ibid.*

Il faut trouver de nouveaux fournisseurs.................... 73.

Les fournisseurs riches et honnêtes s'éloignent................ *ibid.*

Les fripons seuls se rendent fournisseurs.................... *ibid.*

    Ils introduisent les désordres et le brigandage............ 74.

    Ils stipulent et causent un renchérissement de prix énorme. *ibid.*

    Appréciation du renchérissement de prix............. *ibid.*

    Effets du renchérissement........................ *ibid.*

    Perte énorme pour l'État et pour les Contribuables...... *ibid.*

Les *nouvelles banqueroutes* n'empêchent pas les fournisseurs adroits de s'enrichir.. 75.

    Elles aggravent les embarras de l'Administration et les maux publics.. 76.

Le paiement intégral est le seul remède...................... *ibid.*

    Il ramène les fournisseurs honnêtes.................. *ibid.*

    Il rétablit le Crédit................................ *ibid.*

Le plan de 1814 marchait vers ce but........................ 77.

Le Crédit public, et ses effets applicables à la France............ *ibid.*

Le pair des Effets publics................................ *ibid.*

Condition indispensable de tout plan de Finances................ 78.

    de toute émission d'Effets publics............. *ibid.*

    elle règle leur forme......................... *ibid.*

    et le mode d'émission........................ *ibid.*

    elle est la seule limite de cette émission...... *ibid.*

    le seul point à examiner dans un projet de Budget. *ibid.*

La Consolidation forcée viole toutes les règles des émissions d'Effets publics... Pag.   79.

Les circonstances les plus malheureuses rendent le Crédit plus né-cessaire, et ne le rendent pas impossible................... *ibid.*

Conséquence du faux système de Finances adopté en l'an 9....... 80.

Ces principes applicables aux plans de Finances adoptés en France.   *ibid.*

    et à tous les plans de Finances, dans tous les temps, dans tous les pays.......... *ibid.*

Ces principes peuvent seuls

    Réunir les intérêts des Contribuables et des Créanciers de l'État dans le seul intérêt du bien public.................... 81.

    et honorer un Ministre des Finances................. *ibid.*

FIN DE LA TABLE.